ヒューム入門

HUME:
A VERY SHORT INTRODUCTION

ジェームズ・A・ハリス 著
矢嶋直規 訳

丸善出版

Hume
A Very Short Introduction

by

James A. Harris

日本語版へのまえがき

この *Hume: A Very Short Introduction* が日本語に訳されることを大変嬉しく思います。私はこの本が日本の多くの読者に読まれることを信じています。日本には英国哲学の伝統一般、そして特にヒュームに対する深い関心の伝統があります。日本の研究者の皆さんとの研究交流は私の研究生活の喜ばしくまた実り多い一部です。私はこの小さな本が大学研究機関の私の友人たちと、またヒュームやヒュームの思想に関心を持つ専門家以外の幅広い読者の両方に役立つことを期待しています。時間をかけて翻訳の労を取って下さった国際基督教大学の矢嶋直規教授と、編集部の小畑敦嗣氏に深く感謝いたします。

二〇二三年一一月　エディンバラにて

ジェームズ・ハリス

謝　辞

この本の最初の原稿を、時間をかけて読んで下さり、多くの仕方でそれを改善するコメントやアドヴァイスを頂いた次の友人たちに心から感謝します。ドナルド・アインスリー、マイケル・ギル、ウィム・レメンス、マックス・スコーンスベルク、マーク・スペンサー、リチャード・ワットモア。もちろん、残っている誤りや短所はすべて私の責任によるものです。またオックスフォード大学出版局の匿名の査読者の示唆も有益でした。この *A Very Short Introduction* シリーズの製作部門の皆さん、ジェニー・ナギー、ルシアナ・オフラハーティは私に貴重な助けを下さいました。

私はこの本を二〇二〇年春、コロナ・パンデミックによって強いられたロックダウンの最中に自宅で執筆しました。あの暗く困難な時期が、私の家族によって明るく安らかなものになりました。妻のジェニファーはいつものようにあらゆる点で協力的で励ましを与えてくれました。私たちの子供たち、フローレンスとバーティは彼女たちの生活で最も楽しいものの多くが禁じられたのにずっと大変明るくいてくれました。彼女たちの上機嫌は模範的で発想を豊かにしてくれました。また私は、セーガル家のシュン、ロッテ、デヴィッド、エリアスの友情とともてなしにも感謝します。

目次

略号一覧（翻訳に際しては邦訳を参照し、訳者の判断で文脈に合わせて変更した）

DNH：*Dialogues concerning Natural Religion* and *The Natural History of Religion*, ed. J. C. A. Gaskin, World's Classics, Oxford University Press, 1993.　犬塚元訳『自然宗教をめぐる対話』岩波文庫、二〇二〇年／福鎌忠恕・斎藤繁雄訳『宗教の自然史』法政大学出版局、一九七二年

E：*Enquiries concerning Human Understanding and the Principles of Morals*, ed. L. A. Selby-Bigge, 3rd edn, revised by P. H. Nidditch, Oxford University Press, 1975.　神野慧一郎・中才敏郎訳『人間知性研究』京都大学学術出版会、二〇一八年／渡部峻明訳『道徳原理の研究』哲書房、一九九三年

EMPL：*Essays Moral, Political and Literary*, ed. Eugene F. Miller, revised edition, Liberty Fund, 1987.　田中敏弘訳『ヒューム 道徳・政治・文学論集』［完訳版］名古屋大学出版会、二〇一一年

H：*The History of England*, 6 vols, Liberty Fund, 1983.

LDH：*Letters of David Hume*, ed. J. Y. T. Greig, 2 vols, Oxford University Press, 1932.

T：*A Treatise of Human Nature*, ed. L.A. Selby-Bigge, revised by P.H. Nidditc, Oxford University Press, 1978. 木曾好能（第一巻）、石川徹・中釜浩一・伊勢俊彦（第二巻・第三巻）訳『人間本性論（第一巻〜第三巻）』法政大学出版局、一九九五〜二〇一二年

図版所蔵元

スコットランド国立美術館蔵：63、85、99、107、135頁

イントロダクション

二〇〇五年にBBCが行った調査では、デーヴィッド・ヒュームは史上二番目に偉大な哲学者とされた。ヒュームはウィトゲンシュタイン、ニーチェ、プラトン、カントより多くの票を得て、カール・マルクスだけがヒュームを上回った。他の調査ではヒュームを今日の哲学者が最も見解を同じくする哲学者として、また過去千年でもっとも影響力のあるスコットランド人として選ばれた。本書ではヒュームの思想を短く、しかし包括的に紹介する。

ヒュームは一七一一年に生まれ、一七七六年に死んだ。彼はアダム・スミスの友人であり、ジャン=ジャック・ルソーとベンジャミン・フランクリンの同時代人であった。ヒュームはわれわれが今日ヨーロッパ啓蒙と呼ぶものの中心人物であった。ヒュームは古代世界に深い関心を持ったが、自分が生きる世界は古代アテネやローマと根本的に異なると考えたし、近代の条件に適した哲学を形成しようとした。この哲学は通常の人間の経験の事実に応えることができ、権威や伝統による主張に懐疑的で、情念や感情と調和する哲学であった。ヒュームの同時代には珍しく、芸術や文化においてはいつもそうであるとは言えなくとも、確かに普通の人間が生きる生活の質において近代世界が古代世界よりも優れていることは明白であると信じていた。科学と政治においては否定し難い進歩がなされたとヒュームは考えた。主として国際貿易の興隆のおかげで、人々は以前に可能であったよりも自由で幸福な生活を送っていた。哲学の役割はこの進歩の過程を理解し、そしてその脅威となるものを特定することであるとヒュームは考えた。

ヒュームの著作は今では全世界の大学での哲学科目の基本であり、主要な学術産業の題材である。しかしヒューム自身は一度も大学教授にはならなかった。その代わりにヒュームはわれわれが今日、公共的知識人と呼ぶものになり、男性だけでなく女性を含む専門家以外の広い読者に向けて著述した。一八世紀にはしばしば哲学は、独立した主題というよりも公平で客観的な、正確で証拠に支えられた特定の思考のスタイルのことであった。一八世紀は哲学的宗教と哲学的政治学の時代であり、また哲学的化学と哲学的地質学の時代であった。ヒュームはこうした仕方で定義される哲学が政治的、宗教的、そして文化的な党派主義を穏当にする手段として非常に重要であると信じていた。ヒュームの著作を全体としてみると、哲学は非世俗的で日常生活の関心から離脱したものでなければならないという考えを非難するものと考えられる。ヒュームの著作はアカデミアの壁の外部の世界に哲学が何を提供することができるかをわれわれに再考させようとするのである。

一八世紀の英国では知的な論争に参加する人々はほとんどが職業的な専門家であった。大学教授でなくとも、彼らは教会の牧師や、法律家や、医者であった。偉大な同時代人であるサミュエル・ジョンソンのように、ヒュームはまったく新しい種類の文筆的な生き方を作り出した。それは著述だけで生計を営む独立した文筆家であり、またパトロンや出版社への義務なしに自分のものとして著述したのである。海峡の向こうではヴォルテールが十分な才能と固有の信念があれば、名声と富の点で、文筆家が何を達成することができるのかを示していた。ヴォルテールはまた、ディドロとダランベールの『百科全書』の項目で、「文筆家」の基本的な定義を与えた。文筆家とは、近代の「哲学的精神」の表れであった。文筆家は普遍的な知識を求めようとはしなかったが、しかしどのような研究領域でも自分のものにする批判的かつ言語的な能力を持っていた。近年まで、教養人は社会から疎外され、修道院や大学に隔離されていた。今や彼の著作そして彼の会話は社会生活に必要な部分となり、国民の教育と洗練に貢献していたのであった。

ヒュームのすべての著作のうち、最初に出版した『人間本性論』が今日大学の課題図書目録の最も重要な場所を占めている。しかし『人間本性論』は難解さにおいても、その構造と構成原理の曖昧さにおいても特別なものである。ヒュームは『人間本性論』の世間の受け止めに失望し、その後、彼の人間本性論の再定式のありかたとしても、また道徳と政治学のさらなる解明の手段としても、ずっと世間に受け入れられやすい形式の論考に取り掛かった。古代のプラトンとキケロ、また近代のフォントネルとシャフツベリの例にならって、ヒュームは宇宙の第一原因についてわれわれが知り得ることは何かという問いの最も深遠な考察のために対話形式を選択した。ヒュームはまた「ローマ人の侵入」から一六八八年の「名誉革命」までのイングランドの歴史叙述を著し非常な成功をおさめた。これらのテキストは本書で取り上げられることになる。

文筆家としてのヒュームの生涯の概要がこの短い本の各章に織り込まれていることを読者は見出すだろう。しかし本書は伝記ではない。ヒュームの生涯の全体を知るためには別の本――さしあたりアーネスト・モスナーの古典『デーヴィッド・ヒュームの生涯』にあたることが必要である。本書でのわれわれの主たる目的はヒュームの思想である。われわれは本書をヒュームの人間本性についての革命的な理論から始め、道徳と政治学の同様に際立って革新的な議論に進み、そして宗教についての懐疑論的で破壊的な哲学で締めくくる。

第一章　人間本性

デーヴィッド・ヒュームの最初の著作『人間本性論』はもともと二つの部分に分かれていた。一つは「知性」であり、もう一つは「情念」である。ヒュームは、これらの主題は「それ自体で完結した推論のつながりをなしている」と読者に語っている（T xi）。その推論のつながりは哲学それ自体と同様に古くからある問題にかかわっていた。それは人間本性の理性的要素と感情的要素の関係の問題である。その関係はしばしば敵対と争いの用語で描かれてきた。哲学者たちはしばしば個人の幸福と社会の調和は理性がその戦いに勝つことにかかっていると主張していた。『人間本性論』でヒュームは、理性と感情の争いの場所としての人間本性という考えそのものが間違いであると論じたのである。適切に理解すれば、理性は情念と種類として完全に異なり区別される精神の能力ではない。しばしば推論とは、実際には「感性の一種に他ならず」、単に「われわれの趣味と感情に従う」（T 103）事柄に過ぎないのである。しかしこれは何も心配するようなことではない。というのも、全体としてみれば情念は自分自身を整えそして律することができるからである。こうした非常に非正統的な人間本性の根本的構造の概念が、伝統的な理性‐情念関係の説明を信じることができないというヒューム自身の経験に源泉を持つことは考えられないことではない。

医師への手紙

一七二九年九月初旬、ヒュームが一八歳でまだ生まれ育った家に住んでいた時、ヒュームは突然自分自身が分からなくなってしまった。エディンバラの大学を出てから四年間、ヒュームはいつか世に出て哲学者として身を立てることを目指して、一人で熱心に研究と内省に打ち込んできた。ヒュームは生活のほとんどすべてを費やして懸命に研究していたが、それで幸福であった。それなのに今や自分の情熱がすべて消え失せてしまったようであった。ヒュームは突然学ぶ意欲を失った。本を脇に置くと気分が良いのを感じた。このことからヒュームは本当は何も体が悪いのではないことを確信した。ヒュームは怠惰になっていた。ただもっと一生懸命に働く必要があった。数カ月が過ぎて、ヒュームは自分の状態に単なる怠惰以上のものを示す身体症状を自覚するようになった。ヒュームは医師の助言に従い、処方された薬を服用し、もっと運動した。それが功を奏し、ヒュームは活力を回復し体重がかなり増加した。しかし四年半後の一七三四年の春にもまだどこかが不調であった。読書と著述に復帰した時にも、ヒュームはまだ集中力の欠如に付きまとわれ続けていた。ヒュームは自分がこのままでは野心を実現できないのではないかと心配した。ヒュームは自分が何か勉強に過度に打ち込み過ぎて体を痛めてしまったのではないかと心配した。自分の状態を理解することができなかったのでヒュームは名前を明かさないで当時最も有名だった医師の一人に手紙を書き、自分の病状がありふれたものなのか、回復が望めるのか、それにどの程度の期間がかかるのか、どの程度完全に回復するのかを尋ねた（LDH i 12–18）（図1）。

十代だったヒュームの努力は純粋に思弁的なものではなかった。ヒュームはその高名な医師に、自分がどれほど真剣に古代ギリシャ・ローマの道徳哲学を受け取り、キケロ、セネカ、プルタークらの著述家たちによって推奨された厳格な精神鍛錬に従おうと努めたかを述べた。ヒュームの目的は自分の「気質」と「意志」を理性や知性と同じくらい改善することであった。ヒュームは若かったけれども、死や貧困や恥や苦痛や人生のどのような他の厄災に面しても心煩わされない賢者の精神構造に入り込もうとして思索に努めた。しかし振り返ってみると、ヒュームはこの種の哲学的養生法は無意味なだけではなく、そこに有害でもあるような何かが存在することを理解した。そうしたことの全体が精神的活力の莫大な無駄であり、それが自分を身体的に病気にしたという事実によってヒュームは、自分が生きる指針にしようとしていた哲学には何か根本的な考え違いがあるのかもしれないと自問させられた。

古代世界の道徳哲学は人間本性についてと、そうした本性を有する人間が自分を幸福にするためにどのようなことを行うべきかについての吟味されていない一組の前提の基礎の上で行わ

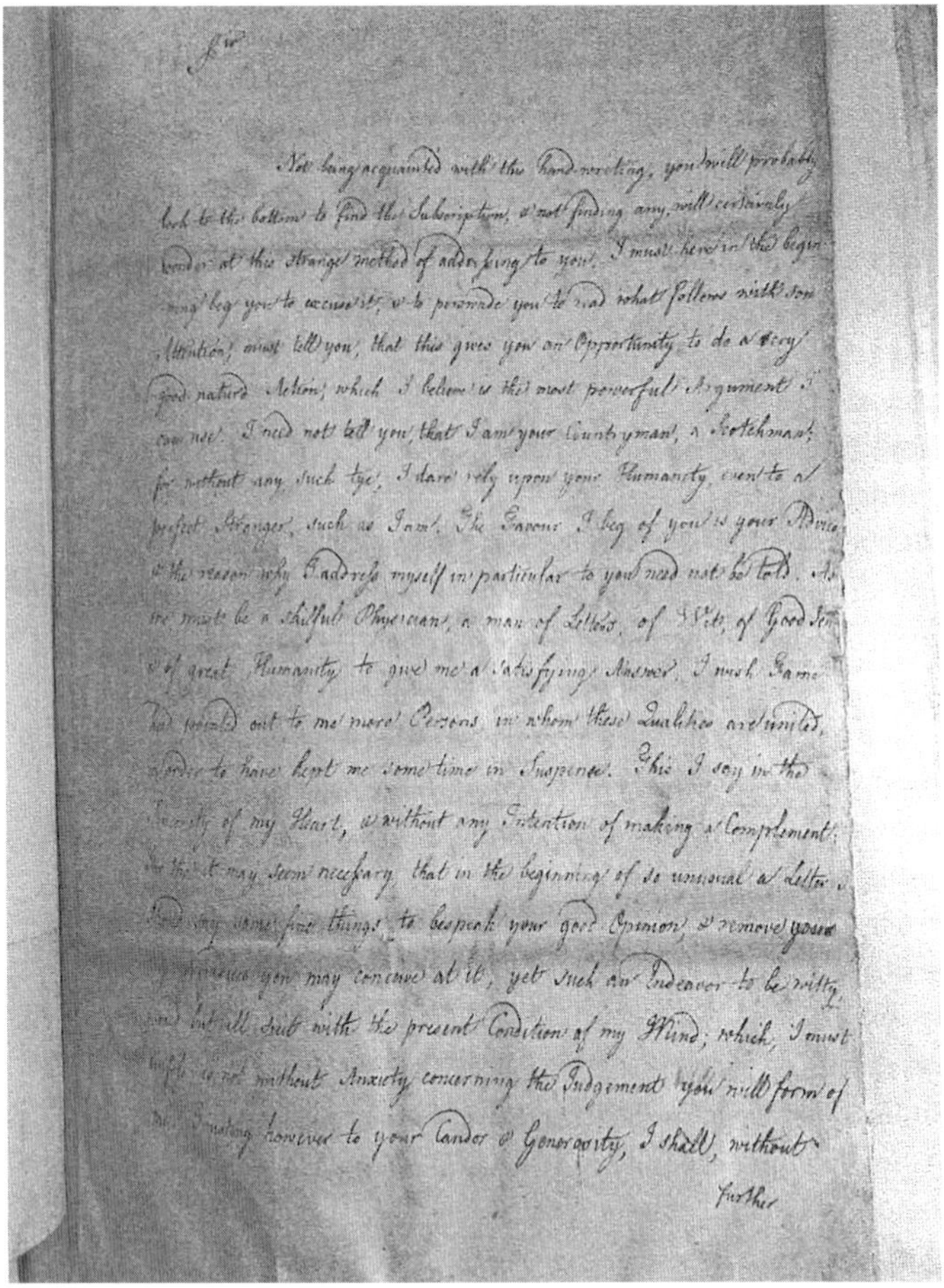

Sir

Not being acquainted with the Hand-writing, you will probably look to the bottom to find the Subscription, & not finding any, will certainly wonder at this strange method of addressing to you. I must here in the beginning beg you to excuse it, & to perswade you to read what follows with some Attention, must tell you, that this gives you an Opportunity to do a very good natur'd Action; which I believe is the most powerful Argument I can use. I need not tell you, that I am your Countryman, a Scotchman; for without any such tye, I dare rely upon your Humanity, even to a perfect Stranger, such as I am. The Favour I beg of you is your Advice, & the reason why I address myself in particular to you need not be told. As one must be a skilful Physician, a man of Letters, of Wit, of Good Sense, & of great Humanity, to give me a satisfying Answer, I wish Fame had pointed out to me more Persons in whom these Qualities are united, in order to have kept me some time in Suspense. This I say in the Sincerity of my Heart, & without any Intention of making a Complement: For tho it may seem necessary, that in the beginning of so unusual a Letter, I should say some fine things, to bespeak your good Opinion, & remove any Prejudices you may conceive at it, yet such an Endeavour to be witty, would but ill suit with the present Condition of my Mind; which, I must confess, is not without Anxiety concerning the Judgement you will form of me. Trusting however to your Candor & Generosity, I shall, without further

図１　ヒュームから医師への手紙（原本、1734 年）

れてきた、とヒュームはその手紙で書いている。キケロ、セネカ、そしてプルタルコスなどのストア派の哲学者たちは人間は最も理性的であるときに最も本来的であり、最高の幸福は世界を適切な理性的観点から見ることを妨げる感情を克服することにあると考えた。ヒュームは今、これが本当に、人間がどう振舞うべきかについての真実かどうかについて疑うようになった。もちろん人生は自然に従って生きられるべきである。人間本性は道徳哲学にとっての――そして他のあらゆる種類の哲学にとっての適切な出発点であった。しかしまず、人間本性が実際に何であるのかが決定される必要があった。

同時代の多くの他のヨーロッパ人と同じように、ヒュームは今日われわれが自然科学と呼ぶ「自然哲学」の新しい時代は一七世紀の初めにフランシス・ベーコンによって告知されたと信じた。自然世界についての知識の新しい始まりの観念は当時ウィリアム・ハーヴィー、ロバート・ボイル、そしてとりわけアイザック・ニュートンらの人々の仕事によって現実のものとされていた。実験と観察に基礎づけられた方法を厳密に適用することによって、近代自然哲学者たちは古代世界のほとんどすべての科学がいかに全く無価値なものであるかを示した。すでに人間本性についてなされた「実験的」著作が存在していた。そして『人間本性論』でヒュームはとりわけ、ジョン・ロック、第三代シャフツベリ伯爵、バーナード・マンデヴィル、フランシス・ハチスン、そしてジョゼフ・バトラーら英国哲学者による画期的な貢献を承認しようとした。だがヒュームが自分自身で思い描いたのは、野心においてはニュートンの大作『自然哲学原理』にも匹敵する包括的で、体系的な人間本性の分析であった。

ヒュームは自分の病気と新しい知的野心について手紙を書いた直ぐ後で、初めてスコットランドを離れた。ヒュームは最初にブリストルに行き、砂糖商人として働き、文筆と学問以外の活動的生活を短く試みたが上手くいかなかったようである。それからヒュームは海峡をフランスに渡った。パリとランスに滞在した後でヒュームはアンジュのラ・フレーシュという小さな町に落ち着いた。ヒュームがそこを選んだのはデカルトがそこで大学に通ったからというよりも、安く暮らせる場所であったため、またおそらくスコットランドとのつながりのためであった。ヒュームはそこに三年間暮らし、ヒュームの考えによれば哲学に革命をもたらすはずの人間本性についての理論に取り組んだ。

精神の解剖学

ヒュームの理解によると、人間本性の科学の仕事は第一に、人々にどのように生きるべきかについての助言を行うモラリストの仕事とはまったく異なっている。モラリストは画家にたとえられ、その目的は人々が悪徳ではなく徳を目標とすることを助ける意図で、有徳な生活を優雅で魅力的に描くことである。他方、ヒュームがなされなければならないと考えた仕事は解剖学者の仕事にたとえられる。解剖学者は皮膚や肉を引き剥がすことから始め、その関心は内部の身体部分で、それはそれ自体では扱ったり調べたりする分には気味の悪いものである。解剖学者の仕事は人間の身体の内部を美しく見せるようにすることではない。それは単に身体をそれが実際そうあるように描くことである。同様に、人間本性の哲学者は自分が見出すものを完全に中立的で客観的な仕方で、何の評価的な判断も行わないで描くことである。ヒュームは解剖学としての哲学というイメージをマンデヴィルから得た。マンデヴィルは『蜂の寓話』で「芸術や教育から抽象された人間本性を吟味する人々を、死体の解剖を研究する人々」にたとえた。マンデヴィルはまたそうした精神の解剖学が示すことは、人間の「最も卑劣で最も憎むべき性質は人を最大で、世間によれば最も幸福で、そして最も栄えた社会に適合させるために最も必要な徳性である」原注1とまで主張したのである。

ヒュームは古代道徳哲学に対する早期の情熱を、シャフツベリの主著『人々、作法、意見、時代の諸特徴』に親しむうちに発展させたのかもしれない。その著作でヒュームは、本質的にストア派の道徳哲学が近代世界の文芸的、美的感受性に従って新しくされているのを見出したであろう。シャフツベリは読者に、自己発見のためと、身体的そして世間的な悪からの防御を与えてくれるような独立した精神を培うための様々な戦略を提示した。ヒュームが自分の若い日の野望を名前の挙げられていない医師に示す仕方は、一八世紀初頭にシャフツベリの影響を受けた多くの人々のうちの一人のようである。しかしこの種の哲学への信頼をなくした時、ヒュームはマンデヴィルに自分と同質の精神を見出した。マンデヴィルによればシャフツベリは自分がなりたいものがどのようなものかだけを考え、自分の実際の性質についてまるで無自覚な哲学者の典型であった。「自分自身を理解する人々がほとんどいない大きな理由の一つは[原注2]、ほとんどの文筆家たちがいつも人々に自分たちがどうあるべきかを教え、自分たちが実際に誰であるのかについてほとんど考えてもみないからなのだ」とマンデヴィルは宣言した。シャフツベリの人間本性の観念は人類へのお世辞であった。それらが本当ではないことは何と残念なことか。

マンデヴィルによれば、人間本性の解剖学は個々の人間の精神が、本質において「様々な情念の複合体」であり、そしてこれらの情念は人々が欲しようが欲しまいが人々を支配するのである。外的見せかけの下を見てみれば、人間はその心理においてもその生理においても、動物界の残りのものとそれほど異なるものではない。人間が動物と異なり、大きな政治的で商業的な社会に生きるという事実は、何ら人間に固有の能力の想定に依拠することなく説明可能である。ヒュームもまた、人間本性への「解剖学的」なアプローチは人間と動物の根本的類似性を明らかにすると信じた。哲学者たちによって進められた精神の体系の大きな欠点は、哲学者たちの関心と適性が人間本性そのものへの洞察を提供すると想定しがちなことであるとヒュームは考えた。人間精神と動物精神の類似性に焦点をあてることは、そうした想定が人間本性の科学に導入したゆがみを健全に修正することである。

ヒュームの人間本性研究の別の重要な影響はロックの『人間知性論』からのものであった。

ロックと同様ヒュームは最初の誕生の時には精神は白紙であり、どのような観念もなく、外的世界との感覚的接触の結果満たされることになるものであると想像した。もちろん、精神が感覚からの入力情報に作用する仕方を形成する心的作用の基本原理は存在する。しかしわれわれの観念と信念のすべて、そしてわれわれの欲望のうち最も基本的なものを除いたすべては経験の産物である。それで、われわれ自身を理解するためには、われわれが理解する精神生活がほとんど無数の個々の知覚や感覚の蓄積や相互作用によって発展した仕方を再構築しようとすることが必要になる。しかし実際の生理学を、内的生の混沌のようなものに秩序を発見する試みに用いることは無意味である。そうすると一七世紀の哲学に付きまとった精神と身体の関係についての危険な論争に必然的に巻き込まれることになる。ロックの純粋に経験に基づいた方法のおかげで、ロックに従うものはその論争を脇に置くことができたのである。ロックは精神と精神の力の研究を、経験に基づいた方法を徹底することによって、とりわけ知性によってわれわれが理解することができるものの限界をロックが明確にした限りにおいて、変革したのである。ヒュームは人間本性の解剖学を知性のさらなる吟味と、そしてそれが、ロックが想像したよりもさらに信頼できないということの明白な発見から始めたのである。

知性

現存するヒュームの書簡のうちでもっとも初期のものの一つから、ヒュームが新しい解剖学的な人間本性の科学を計画したと同時に、ヒュームがフランス人懐疑主義者ピエール・ベールを読んでいたことがわかる（LDH I 12）。正統派のフランスカトリックの文化の道徳的こじつけの議論を徹底的に批判する際に、ベールは古代ピュロニズムに特徴的な議論のスタイルを復活させた。ピュロニズムとは、どのような命題も、その否定よりもより真実らしいと証明することはできないと示すことを意図する極端な懐疑主義の学派である。ベールの目的は学校や神学校で教えられているような合理的キリスト教の思想全体を覆し、真の宗教の基礎は神自身によって人間に直接与えられた信仰でなければならないことを示すことであった。別の言い方をすれば、理性への信頼はまったく正当化されない。そのような信頼は誤謬と罪に通じがちである。ヒュームはベールの宗教的目的を共有しなかったが、しかしそのフランス人哲学者による哲学の思い上がりへの攻撃に大変感銘を受けた。ラ・フレーシュに滞在していた時、ヒュームはそこの大学図書館に通い、古代と近代の懐疑主義の著作を広くまた深く読むことができた。ピュロニズムの主題はヒュームの著作の多くに組み込まれているが、『人間本性論』第一巻で展開する人間知性の理論において最も目立っている。そこでの劇的な終局とは「偽の理性とまったくの無の間の」(T 268) 選択に見えるものに直面しての絶望的な叫びである。

この終末論的な結論への第一歩は、人間が直接的な経験の境界の向こうにある世界について行う判断の手段としての日常の装いにおける知性の働きの探求である。哲学者たちは——ロックを注目すべき例外として——伝統的に、これこれのことが真でなければならないと論証することが可能な数学や他の種類の理論研究において、われわれが絶対的確実性を達成することができるのはいかにしてか、に注意を限定してきた。ヒュームは偶然的事実についての蓋然的判断により関心を持った。つまり、われわれの経験を用いて、将来はどうあるのか、過去において事態はどうであったのか、そして現在世界で生じていることを説明するものは何か、についてわれわれが下す判断により多くの関心を持っていた。このことは普通の事柄について普通の人々が反省する普通の作業である。しかし、それはまたずっと注意深く組織化された仕方ではあるが、自然科学者がわれわれの周りの世界をよりよく理解しようとして行う作業であり、人間本性の解剖学者がわれわれの内なる世界をよりよく理解しようとして行う作業でもある。ヒュームが知りたかったことは、知性がわれわれに明日の天気はどうであるかについて、なぜわれわれの軍隊が戦争で負けたのかについて、そしてどのようにして虹は空に現れるのかについての信念を形成することを可能にする仕方であった。

そうした信念はすべて原因と結果についての信念であるとヒュームは断定した。われわれはわれわれの経験を様々な仕方で分析することができる。例えば、何かと類似しているものや何かと同一であるものという観点からや、事物の時間や空間における関連の観点から、そして比や程度や反対の観点から分析することができる。しかし「われわれの感覚を越えてたどられ、われわれが見たり感じたりすることができない存在や対象についてわれわれに知らせる」（T74）のは因果関係である。そしてヒュームが原因と結果についての信念を形成する仕方を吟味する際に発見したことは、理性が一つの重要な意味において、それにかかわっていないということであった。われわれが過去に規則的に生じたことに基づいて明日についての信念を形成する際、明日はあの事が生じることよりもこの事が生じるのがよりありそうだと証明するために、われわれが過去を用いることを正当とする何らかの一般的原理を用いることはない。そのように言うことが正当とされるためには、われわれは過去において事物がどのようであったのかの描写と、自然法則が決して変化しないという自信を結合させなければならない。そのとき、そしてそのときにだけ、私は過去の経験を将来についての合理的推論を行うために用いることが正当とされることになるであろう。問題は自然の法則が決して変化しないことを証明する方法が存在しないことである。自然法則についてわれわれが信じることの唯一の基礎は、結局のところ、過去の経験なのである。そしてわれわれはそれを、過去の経験が将来事物がどうであるのかの信頼できる導きであることを証明するために使うことができない。また自然法則が決して変化しないことが、形而上学的または論理的必然性の事柄として、端的な事実でなければならないことを証明するためにも経験から抽象するいかなる方法も存在しない。というのもわれわれは、その自然法則がわれわれがそれらを経験してきたものとは異なっていたかもしれないと想像することができるからである。

そうすると、自然法則の不変性についての一般原理の源泉は存在し得ない。そのことは、われわれの因果信念がそうした原理に依拠することなく説明されなければならないことを意味する。そしてそのことは、われわれが過去に基づいて将来についての信念を形成する際、われわれは推論を行い結論を導いているのではないことを意味する、とヒュームは結論する。むしろ、かかわっている精神の過程は、単なる連合の習慣であり、その際いくつかの規則的に経験された出来事の結合がわれわれに、例えば曇り空はすぐに雨になると信じるように促すのである。われわれがカーテンを開けて外の灰色の空を見ると、もうすぐ雨になるだろうという観念が、日照りの長い暑い日になるという考えよりも、より差し迫って感じられる――ヒュームの表現では、それがより「活気」をもつ――のである。「生活／人生の導き」(T 652) は理性ではなく、むしろ習慣なのだとヒュームは主張する。

観念の自動的連合のわれわれの認知生活への重要性についてのこの発見こそ、ヒュームが人間本性の科学への自身の主たる貢献と見なしたものであった。そのことはわれわれが世界についての信念を盲目的でランダムな仕方で形成することを意味するのではない。その反対に、因果信念の形成を一般的にそして自然に規制する原理または規則が存在することは明白であった。例えば、ヒュームが述べているように、「同じ原因はいつも同じ結果を生み出し、そして同じ結果は同じ原因からでなければ決して生じない」(T 173)と想定しがちである。しかし将来と過去についてのわれわれの思考に連合のパターンが遍在することは、われわれが、われわれを動物界の残りのものと区別し、それらの上に高める特別な理性の能力を所有していることを誇る明白な理由を持たないことを意味した。他の動物と同様、周りの世界にどのように対応するかについての決定において、われわれは自然の不変性への合理的洞察にではなく、習慣やしきたりに依存するのである。

それはがっかりさせるような結論であるが、しかしそれ自体ではわれわれの信念形成の過程が信頼に値しないことを意味しない。知性の信頼性についての心配はヒュームが、われわれが一つのものを別のものの原因と呼ぶとき、適切に言えば、われわれは何を語っているのかまったく分かっていないと理解した時にのみ生じる。われわれは問題になっている二つのものがある特定の仕方でわれわれの経験に現れた時、その一つのものが別の一つのものの原因であると信じるようになる。それらは互いに規則的に接触するようになり、一つのものが時間の順序においてもう一方のものの前にあらわれ、一方が現れるとき必ず他方がそれに続くような仕方で恒常的に互いに連接する。しかし最初のものが二番目のものの原因であるということはこれ以上のことを言うことである。それは最初のものが、二番目のものを生じさせるようにする何らかの媒体が存在するということである。それは二つのものの間に、最初のものが与えられると、第二のものが生じなければならないという何らかの種類の必然的結合が存在するということなのである。そして、われわれは原因をその結果と必然的に結合させるものが何であれそれについての洞察を持っていない、とヒュームは論じる。われわれが経験を有するのは、その恒常的結合だけなのである。われわれがその結果が生じるようにさせるためにある原因が持つ力について語るとき、われわれは単に世界に対して、結果が絶対的に原因に続かなければならないというわれわれが持つ感覚を投影しているだけなのである。

それゆえ、一つのものが別のものの原因であるという観念そのものが想像力の幻想の産物であるように思われる。そしてヒュームはわれわれがそうした幻想によって導かれることを許すべきかどうかについて心配せざるを得なかった。「想像力の飛躍よりも危険なものは何もなく、そして哲学者の間でより多くの誤りのきっかけであったものはない」（T 267）とヒュームは自分に言い聞かせている。それでおそらく、想像力の促しを拒否し、自分が絶対的に確実とすることだけを信じるのである。問題は、批判的な反省の対象とされるとき、すべての確実性は単なる蓋然性へと落ち込み、そして蓋然性は考察されている事柄においてまったく自信を無くしてしまう程度にまで減少することと示すことがかなり容易であることである。誰であっても、自分が時には間違いを犯すということを受け入れないほど自分の推論の力に自信を持つ者はいないというのはあたりまえの経験の事柄である。しかし、特定の場合の誤謬の確立についてのいかなる判断にも、当の判断が間違いうることの容認が付随する。そして今度は、それについての誤謬の可能性の判断それ自体が間違っているかもしれない。こうして疑いは続く。

ヒューム自身があきらかに、一方では連合的想像力の傾向にすぎない理性の形式における「偽の」または欺く理性と、他方ではすべての個々の判断や信念への自信を破壊するので「理性ですらもない」理性との間の選択に直面するのはこの地点なのである。あたかもベールやピュロニストたちが正しいように見え、そして行うべき合理的なこととは懐疑的結論を受け入れ、判断をすべて停止することであるように見える。しかしこの事は不可能であるとヒュームは直ちに発見する。現実には、ヒュームはある地点で、机から顔をあげ、書斎を離れ、世間と再びかかわり、そしてみんなと同じように信念を形成し続け、それに基づいて行動するしか選択肢がないのである。そしてヒュームがそうするや否や、自分の日常の精神の習慣への自信を失わせた哲学的議論が馬鹿げたものに見える。「私は友人たちと食事をし、バックギャモン・ゲームをし、談話して楽しむ。そして三、四時間も楽しんでからそれらの思弁に戻ってみると、それらが冷たく、こじ付けで、滑稽なものに思われるので、私は心の中で、それらにそれ以上入り込むことができないのを見出す」(T 269)とヒュームは振り返る。

人間本性の正確で、解剖学的な吟味の企て全体が——実際、いったいどのようなものであっても——あたかも砂に沈んだかのように見えた。しかしヒュームは自分のどこかにそれでも続けたいと欲する部分が存在することを見出していた。そしてこの薄暗い好奇心が、自分の理論によって入り込んだ懐疑主義について懐疑的であるようにさせるのに十分だったのである。別の言葉では、それはヒュームを、そのときに人間本性のさらなる探求において頼らざるを得ない知性の力への信頼を自分から奪った哲学的推論について懐疑的であるようにさせたのである。おそらく自分の知性が行う判断と形成する信念が信頼に値すると証明することが可能ではないことは問題ではないのである。おそらく哲学者は単に自分の動物的本性を受け入れ、自分が他のすべての人と共有する非自発的な認知的過程に服すべきなのである。彼は因果的力の真の性質に何の洞察も持っておらず、また自然法則をそうであるようにさせているものが何であれ、それへの洞察を持たなかった。しかしこの事は彼が自然における因果結合について信念を形成することを妨げはしなかったし、またそれは自分が最も関心を持つものについてもっと知りたいという欲求を求めない理由になるとも思われなかった。それらは、「道徳的善悪の原理、政府の本質と基礎、そして私を活気づけ支配するいくつかの情念や傾向の原因」(T 271)である。

情念

ヒュームは、哲学者たちが人間を定義するため、そして人間をほかの動物から区別するためのものと定めた特別な活動である知性が、実際には、観念の習慣的で自動的な観念連合の働きであることを発見した。連合的想像力は感覚の知覚の感じられた活気を受け取り、それをそれらの知覚の原因と結果の観念へと転換するが、その際それらの観念に、それらを単なる概念や空想と区別するような、感じられた堅固さや力を与えるのである。連合的想像力は感覚の知覚の感じられた活気を受け取り、それをそれらの知覚の原因と結果の観念へと転換し、その際それらの観念に感じられた堅固さや強さを与え、それがそれらの観念を単なる概念や空想と区別するのである。こうして様々な種類の精神的活動——知覚すること、推論すること、思い出すこと、判断すること、信じること——は精神の自律的な能力に基礎づけられることによってというより、単にそれらがどのように感じられたかによって区別される。人間本性の認知的次元はこれらの感情の潮の満ち引きによって構成され、活気づけられるのである。このことは人間の精神が一方で理性、他方で感情の間の範疇的な区分によって構成されているという想定が、もはやもっともらしく見えないことを意味していた。理性と感情の間の伝統的区別は崩壊し、推論はそれ自体で、ヒュームの言葉では「われわれの魂の不思議で不可解な本能にほかならないもの」(T 179) にまでなった。

その結果、実践的生活の力学は同じ線に沿って新しく創造されなければならなくなった。「哲学においても、日常生活においてすら情念と理性の構想について語ることほどありふれたことはない」(T 413) とヒュームは述べている。古代と近代両方のたいていの道徳哲学は、われわれの行為を理性によって規制し、そして理性の権威に歯向かうどんな情念にも反対し、抑えるよう義務づけられているという思考法に基礎づけられてきた。この考え方こそ、ヒュームが医師への手紙で自分が若い時に信奉していたと述べているものであった。今ヒュームはその考え方を根本的に間違いだと考えている。実践理性と情念の間の争いは実際には違った種類の情念の間の争いであり、大変「穏やか」に感じられるのでわれわれが理性の働きと間違える情念と、すべての情念が通常想定されるように心地悪く混乱した「激しい」情念の間の争いなのである。その争いに理性が必ず勝つとは限らない。というのも激しさは強さと同じではないからである。穏やかな情念がある人の性質に非常に深く埋め込まれていて激しい情念の刺激に抵抗することができるということは完全に可能である。哲学者たちが理性による情念の支配について語るとき語っているのはこのことであって、自己制御の技術の成功ではないのである。

しかしながら直ちに疑問が生じる。情念を起立し、支配する力をもった理性の機能なしに、厳密にどのようにして情念の激しさは克服されるのだろうか。穏やかな情念が激しい情念にまさるという精神の強さは、どのようにして達成されるのだろうか。人間本性や、社会の全般において秩序を樹立するものは、もしあるとすれば、何なのだろうか。

これらはヒュームにとって特に切実な疑問であった。というのも人間本性の解剖学において最も目立った情念は、誇り、恥（ヒュームの言葉では卑しさ）、愛、憎しみなど本質的に激しい情念だからである。これらはマンデヴィルにとっても最も興味深い情念であった。しかし、ヒュームはまた、それらがブレイズ・パスカル、ド・ラ・ロシュフコー、そしてジャン・ド・ラ・ブリュイエールら一七世紀のフランスのモラリストたちによって完全に研究されていることを見出していたかもしれない。それらの情念はこれらの著述家たちによると人間を自分自身や他者と仲たがいさせるものとされた。イングランドではトマス・ホッブズが、誇り、あるいは「栄光」を人の自然な条件を万人の万人に対する戦争状態へと転換する「争いの主要な諸原因」の一つとして描いた原注3。ヒュームは人間だけでなく動物も誇り、恥、愛、憎しみを感じると信じた。しかし動物は、地位と承認を求めての苦闘が生存を求めての苦闘と同じように激しい非常に競争的な商業社会に生きてはいない。そこで重要なことは、人間本性から理性の制御能力を取り除いた後で、ヒュームが激しい情念がどのようにして手なずけられ、抑制されるのかを説明したことである。

誇り、恥、愛、憎しみはヒュームによって「間接」情念として分類される。それらは喜びや悲しみ、希望や恐れのような現在または将来の善と悪への単純で直接的な反応とは種類において異なる。それらの間接性の本質は、それらが快と苦の多様な原因との関係においてのわれわれ自身の観念から生じる複雑な精神現象であるという事実にある。例えば、私は快の原因が多かれ少なかれ私と関係している時に誇りを感じる。快の原因が何らかの仕方であなたに関係している時、私はあなたに愛――「敬意」とも呼ばれるかもしれない種類の愛――を感じる。ちょうど愛の対象または焦点がいつも他人であるように、誇りの対象または焦点はいつも私である、とヒュームは主張する。それはまさに精神の作用の仕方の基本的特徴である。しかし大変多くの異なったもの――あらゆる種類の個人的価値や達成とともに――われわれの所有物が誇りや敬意の原因であり得るという事実は、間接情念の原因が個々の場合に生得的な精神の特定の原理ではなく、むしろ精神的機能の非常に一般的な法則の特定の具現化の見地から理解されるべきだということを含意している。ヒュームは特に所有権や所有が、いかにしてこれらの「間接的な」情念の主要な原因となる程度にまでわれわれの感情的な生活に入り込むのかに関心を持っていた。結局のところヒュームは「家、馬車、家具、衣服、馬、犬」(T 310)が生活において他のものと同等に重要である——仮にいっそう重要であるとまでは言えなくとも——と思われる世界に住んでいたのである。

間接情念のわれわれに対する支配は、それらが強く社会的なものであるという事実によって強化される。例えば、私の美しい家に対する私の誇りはあなたと他の皆が家の所有者としての私に感じる敬意の意識によって非常に高められる。ヒュームは他人の感情や意見に対するわれわれの反応を、「われわれが他者と共感する傾向、自分自身の傾向や感情と異なり、それに反するものでさえあったとしても、意志疎通によって他者の傾向や感情を受け取る傾向」(T 316)の見地から説明している。共感——ここでは同情の一形態ではなく、他の人々の精神状態への一種の同調——はヒュームが描写する情念の世界にとって絶対的に中心的である。それはわれわれに、われわれが他の人々との関係に立つものとして自分自身について持つ生き生きとした、時に快適な、時に苦痛な感情を与える。それは人間的な状態を、不可避的に社交性の状態にする。そのことはなぜ人間が「最も熱心に社交性を望み、得られる最善の利益によってそれに適した宇宙の被造物」であるのかを説明する。結局、「われわれは社会に関連を持たない願望を形成することはできないし、完全な孤独は、おそらく、われわれが被ることのできる最大の処罰なのである」(T 363)。

共感はヒュームが人間本性に特に広範に見られるとする形態の愛や敬意を生み出す所有へのわれわれの関心と結びつく。これがわれわれが富者や権力者に感じる敬愛である。そうした敬愛は通常われわれが個人的にわれわれが見上げる人々の富や影響によって利益を得るかもしれないという期待とは結び付いていない。われわれの富への敬意は、貧窮や貧困への軽蔑と同様に一般に利己心と無関係である。この不可解な現象は共感によってしか説明できない。共感はなぜわれわれが富者や権力者がかれらの富や権力によって得る快に、当人ではないのに快を感じるのかを説明する。そしてその過程で、なぜ高度に階級化した社会が富と社会的地位の不平等から生じる緊張によって解体しないのかを幾分かは説明する。もちろん貧しく無力な人々の側には、自分の生活をより豊かな人々の生活と比べた時には必ず憤りと羨望が生じる。しかしこの憤りは通常その社会秩序を転覆しようとする欲望を生み出すのではなく、その代わりに、低い階層にいる側に、自分たちの状態を、自分の周りの人々に対して相対的に改善しようとする欲望を生み出すものであるとヒュームは示唆している。というのも、われわれは自分の仲間との関係において自分の状態がどうであるかということを、自分と裕福で有名な人々の距離についてよりもずっと気にかけるものだからである。

情念の分析においてヒュームは意識的に冷静で客観的な解剖学者の態度を取った。ヒュームは人間が彼らの価値についてと同様に、彼らの所有について公正に振舞う仕方についていかなる価値判断も行わなかった。一七世紀フランスのモラリストやスコットランドのカルヴァン主義者によって腐敗と罪のしるしとして目の敵にされた人間生活における誇りの誇示は、裁かれることなくただ単に描写された。裕福で権力のある人々の生活や所有物へのわれわれの執着についても、また貧困や退廃の光景に対してわれわれが感じる嫌悪についても同様であった。その代わりに、ヒュームは知性の説明で概説した精神の連合モデルが、感情生活の無数の複雑さにもまた適用されて展開する仕方を非常に詳細に論じた。ここにおいて、精神の科学を、説明の洗練性の点で自然科学に匹敵するものとなるように、厳格に実験的な基礎の上に置こうとするヒュームの野心が最も明確である。ヒュームは「自分の体系を確認するための実験」に取り掛かり、そしてそれらを最も詳細に提示した。ヒュームはとりわけ、情念の原因がどのようなものとして理解されようとも、すべての間接情念のすべての作用を説明する「観念と印象の二重関係」を特定したことを誇りとした。つまりすべての場合に、「情念を活気づける原因は、自然がその情念に帰した対象に関連づけられる。そしてその原因が別個に生み出す感覚は情念の感覚に関連づけられるのである」(T 286)。

こうした考え方で取り組んだので、ヒュームは激しい情念が抑制され制御されるために情念がいかにして支配されるべきかについての助言を与えることを自分の課題とはしなかった。ヒュームの哲学は実践哲学ではなく、理論哲学であった。そうしたものとして、それはヒュームが十代の時に実験したものとはまったく種類において異なる哲学であった。しかしそれは同時に実践的なモラリストがいつもかかわってきた問題、情念の支配の問題に取り組む哲学であった。ヒュームの情念論の驚くべきメッセージとは、情念は放っておかれれば自らを抑制するようになるというものであった。感情的生活にとって共感が中心であることによって、このことの認識が可能となったのである。というのも、共感は私の誇り、敬意、などがあなたの誇り、敬意、などに調整され、その結果、われわれの各々はそれらが渇望する社会的満足を求めるので、受容と調整のプロセスが常に進行することになる。この説明では、人間本性はかなりの程度まで人間がいつも生活する社会的文脈によって定義されることになる。「人々の心は互いの鏡である」(T 365) とヒュームは述べた。そして鏡はそれらが映すものを左右できないように、われわれの感情や信念もまた、われわれの周りにいる人々の感情や信念によって影響されることをどうすることもできないのである。これが、人間の自然状態は恒常的な敵意と争いの状態であるというホッブズの主張が間違いである理由なのである。

こうは言っても、われわれの共感的な社交性には非常に明白な限界が存在した――それは、ついに人間と他の動物の根本的な違いを視野にもたらす限界である。人間が住む社会は非常に広く複雑なので、平和と秩序は道徳規則や、そして政府や政治権力の発明をもまた必要とするのである。

再　考？

ヒュームは一七三七年の夏にラ・フレーシュを去った。ヒュームは知性と情念の新たな自分の体系のための出版社を探すためにロンドンに渡った。『人間本性論』は、「実験的な推論法を道徳的諸主題に導入する試み」としてそれを描く副題を伴い一七三九年一月に書店に並べられた（「道徳的諸主題」によってヒュームは、サミュエル・ジョンソンが彼の「辞書」で述べているように原注4、「より厳密で、純化された自然哲学の関心と区別されるものとして「生活の通常の事柄」において知られたり認められたりするようなもの」のことを意味していた）。表題のページに、ヒュームはタキトゥスからの曖昧な標語「あなたが考えたいことを考え、考えることを語れる時代はまれな幸福である」を掲げている。ヒュームは喜んで自分の解剖学的な議論が自分を導くところにその議論を進め、人々を道徳化する「画家」の説教師的な関心を持っている振りをしないで済むことが嬉しいと言っているのだろうか。それともっと言いたいことがあるのに、それを印刷することができないと感じていると示唆しているのだろうか。例えば、少なくともその時点では詳述することがためらわれた人間本性の理論の宗教的含意があったのであろうか。ヒュームの読者の多くにとって、例えば情念の規律における神の恩寵の役割についてのヒュームの沈黙こそが耳をつんざくようなものであっただろう。

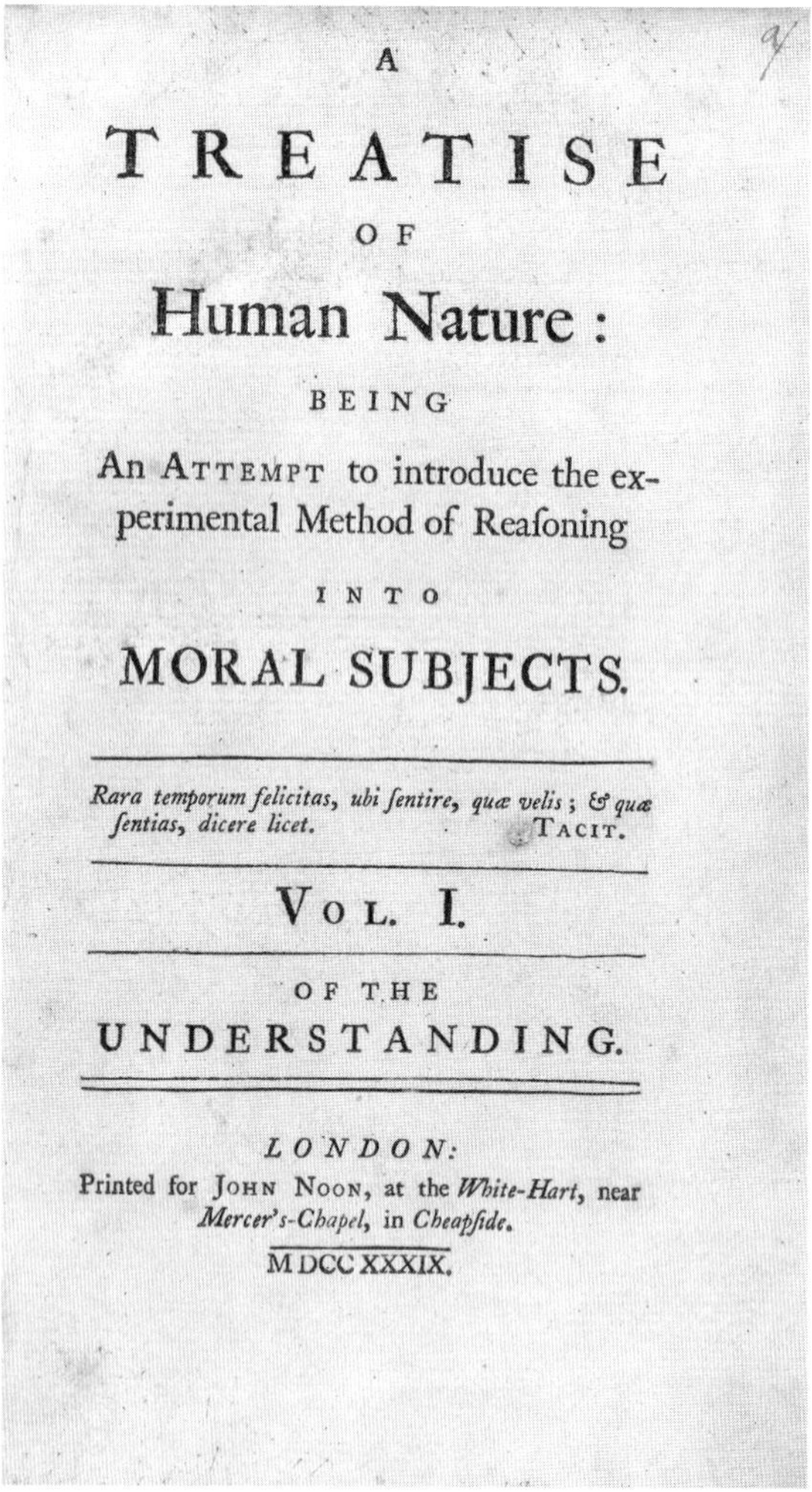

A

TREATISE

OF

Human Nature:

BEING

An ATTEMPT to introduce the experimental Method of Reaſoning

INTO

MORAL SUBJECTS.

Rara temporum felicitas, ubi ſentire, quæ velis; & quæ ſentias, dicere licet. TACIT.

VOL. I.

OF THE

UNDERSTANDING.

LONDON:

Printed for JOHN NOON, at the *White-Hart*, near *Mercer's-Chapel*, in *Cheapſide*.

MDCCXXXIX.

図2 『人間本性論』の扉

『人間本性論』はここで紹介することが不可能なほど多くのものを含んでいる。知性についての第一巻の四つの部分の一つは、われわれの空間と時間の観念と、そして時間と空間が究極的に不可分の部分に分割されるかどうかに関わっている。ヒュームの蓋然的推論の扱いはそれ自体でほぼ二〇〇頁にわたっている。それには、特に外的世界などの信念の起源、物質的自然の形而上学、そして時間を通して同じ単一の自己の観念の基礎を含む「哲学の懐疑的およびそれ以外の体系」の議論が続いている。推論の実験的方法の第二巻の情念への適用は徹底的で、時には感情の有機組織の細部への注目においてはわずらわしい程である。そこでは誇りと恥、愛と憎しみの異なった原因の幅広い領域を網羅している。それはいかにして様々な要因が情念の激しさを増加させたり減少させたりするかを詳細に分析している。そうしながらヒュームは行為の自由は動機による選択の必然性と両立するのかどうかという古くからの問題を吟味する。ヒュームは両立すると論じる。その反対の見解——今日の哲学者が「非両立主義」と呼ぶもの——は因果的必然性の誤解によって動機付けられている。いったん必然性が『人間本性論』の第一巻で論じられた路線で再定義されれば、その問題は簡単に消滅する、と読者は告げられる。

いかにして、もしくは、果たして『人間本性論』におけるすべてが整合的な論法に一緒に収まっているのかはまったく明確ではない。『人間本性論』が出版されてからすぐに、ヒュームは短い「梗概」もしくは要約[原注5]を自分の主要な諸発見に注目をひく意図で出版した。それらの諸発見とは蓋然的推論、そして連合的想像力にヒュームが帰する役割であるとヒュームは考えた。一七四八年にヒュームは、『人間知性に関する哲学的エッセイ』と題された、第一巻を完全に書き直した版を出版した。後にヒュームはその書名を『人間知性研究』に変更した。『人間本性論』の梗概にあるように、『人間知性研究』の焦点は、原因と結果の関係への洞察への懐疑的含意とともに、もっぱら経験的事実に関する推論の新しい説明であった。「『取り去ることで付け加える』つまり問題を簡潔に、そして単純化することで私はそれらを本当により完全にする」(LDH i 158)、とヒュームは友人に告げた。次に一七五七年にヒュームは大幅に簡略化した「情念に関する論文」を出版した。それはさらに、情念は「運動法則、工学、流体静力学、または自然哲学のどの部門とも同じほど正確な探求が可能である」原注6というヒュームの見解を強調した。

ヒュームが『人間本性論』の議論を後の著作において論じ直した仕方によって生じた問題は、そのことがヒュームが結果として最初の著書から消し去った部分にヒュームが自信を無くしたことを含意するのかどうかである。『人間本性論』の第二版は現れもしなかったし、ヒュームは生涯の後半で哲学論集のための「広告文」を書き、そこで『人間本性論』を「著者が決して承認しなかった若書きの書」(E 2) として否定したのである。「私は若さと発見の熱に浮かされてあまりにも性急に出版してしまった」、とヒュームは上で引用した書簡で説明している。「私が二一歳になる前に計画し、二五歳の前に執筆したそれほど巨大な企ては、必然的に非常に欠陥のあるものにならざるを得なかった。私は自分の性急さを何百回も悔やんだ。」しかしヒュームは厳密には何を悔やむようになったのだろうか。『人間知性研究』の流線型のような議論の流れは、最低でも、ヒュームが一度にあまりに多くのことを試みたことを悔やんだことを示唆している。『人間本性論』は、その著者が自分のテキストを完全にコントロールしているという印象を与えない。時には、ヒュームが何よりも、自分が思いついたすべての良い考えや議論を叙述の順序や論理的構成の原理を気に留めずに集めようとしたと感じられる。

またヒュームが『人間本性論』の第一巻で示される懐疑主義が、ヒュームが知性の吟味の結論で劇的に表明した極端な懐疑を本当に支持するかのごとき誤解を招きがちであることが心配になったとすることも可能である。例えば、「感覚に関する懐疑論について」の節の外的世界の信念の議論を取り上げてみよう。ヒュームは事物が実際に精神の外に存在するのかどうかを尋ねることは意味がないという主張から始める。「それはわれわれのあらゆる推論で当然のこととしなければならない点である」（T 187）とヒュームは主張する。しかしヒュームが物質的対象の連続的で独立した存在を信じるようわれわれを促す原因についての長い探求を完成した時、彼は確信を持たなくなっている。というのもわれわれが経験の世界を構築する基礎である知覚は、われわれがそれらの客観的で永続的とされる原因に帰する整合性と恒常性を何も持たないからである。感覚知覚自体も、また理性も外的世界の信念を説明することはできない。想像力だけがそれを説明することができる。そして因果推論の場合におけるように、ここで想像力がその仕事を行う手段はその結果に自信を持たせるようなものではない。その節の終わりで、ヒュームは自分が「そうした間違った想定によって行われる空想のそのような些細な性質がいかにして堅固な、または合理的な体系に通じることができるのかを考えることができない」(T 217) と認めている。すべてのことを考慮に入れると、ヒュームは今、出発点で持っていた暗黙の信頼を維持するというより、むしろ自分の感覚への自信を持たない方に傾いていると感じているのである。

では、ヒュームは外的世界の存在を信じないことが合理的なことだと言っているのだろうか。ヒュームは哲学を常識や通常の信念と対置させ、読者にそのどちらかを選択するように強いているのだろうか。これが『人間本性論』の真のメッセージだろうか。第一巻最終節でのバックギャモンや友人たちとの食事の治癒的な性質の話はその議論の本当の到達点を誤魔化そうとする試み以上のものではないのだろうか。『人間知性研究』でヒュームはこのように読まれるべきではないということを明確にしようと努めているように見える。「感覚に関する懐疑論」の非常に短い要約は『人間知性研究』の終わりに、「過度な懐疑主義」の一例として紹介されている。それは教室や書斎ではもっともらしく見えるかもしれないが、「行動や仕事や日常生活の業務」(E 159) によって即座に覆されるような議論である。ピュロニズムは、その定義からして役に立たないものである。それは実践に用いられない、というのもそれは行為そのものの基礎を否定するからである。ヒュームはここで、論理的に言って、極端な懐疑主義の何かが間違っていると言っているのではない。しかしヒュームはそれと穏和な懐疑主義を区別しようと精一杯務めている。穏和な懐疑主義は「持続的で有益である」(E 161)。それはわれわれに知的能力の本性の限界を教え、それらの能力に適した主題にわれわれの探求を制限するよう命じる。これこそがヒュームの知性の説明から生じる種類の懐疑主義であると読者が信じることをヒュームは望んだのである。

一様性と差異

人間本性についての理論がどのように読者にして示されるべきかについて考えを変えた際に、ヒュームはすべての人間にすべての時代と場所で共有される単一の人間本性というものが本当に存在するという考えを捨てはしなかった。すべての人間は、自分たちの生活や周りの世界について同じ仕方で推論することをヒュームは確信していた。すべての人間は誇り、恥(または卑下)、愛、そして憎しみの情念の対象である。「あらゆる国と時代において、人々の行為には一様性が存在し、人間本性はその原理と作用においてずっと同じままである」(E 83)とヒュームは『人間知性研究』で主張している。しかしこの事は人間の生活が異なる時代や場所において異なることと両立する、とヒュームは主張しようとする。一八世紀の人々がそうすることを好んだように、特定の習慣や、マナー、そして道徳がよりしばしば彼らの近隣の国民よりも、ある国民により頻繁に見られるように、国々について固有の「国民的性格」を持つものとして語ることはまだ可能であった。「国民的性格について」においてヒュームは、自身の共感理論は国民的な固有性の説明を提供し、そしてそれゆえ（モンテスキューを含む）多くの人がしたように、気候や国土や風景などの「自然的原因」に訴えることは必要ではないと論じた。

国民的性格は時代によって変化しうる。ヒュームの『イングランド史』は部分的にはいかにしてイングランドの――そして実際ヨーロッパの――マナーが封建制度の衰退と製造業と商業の興隆とともに変化したかの研究であった。しかしながら、ヒュームがヨーロッパ以外を見てみると、自分の歴史的想像力が当てはまらなかった。ヒュームが世界の別の地域での製造業、芸術、そして科学の発展の欠如と見なしたものはヒュームに、異なった「種類」や「種」の人間が存在し、そして非ヨーロッパは「生まれながらにして白人よりも劣っている」ことを示唆した。この不快な命題の証拠とされるものとして、ヒュームは「黒人（Negroe［ママ］）の奴隷は全ヨーロッパに広まったが、彼らのうち誰も独創性の兆候を示したものはいない。ただし教育程度の低い人々はわれわれの間でもあらわれ始め、あらゆる職業で目立ち始めているのであるが」（EMPL 208fn.）と述べている。どういうわけかヒュームにはグロテスクなまでに非人道的な扱いを受ける中で、アフリカ出身の奴隷たちがヨーロッパ人たちの間で何を達成することができ、またできないのかを説明する非生物学的な原因があるかもしれないことに思い至らなかったのである。ヒュームが生まれつきの人種的違いを支持したことは一七七四年の『ジャマイカの歴史』を物したプランテーションの所有者エドワード・ロングのような奴隷制の擁護者によって取り上げられ、利用された。

普遍的な理論を装っているにもかかわらず、ヒュームの「人間本性」への関心が本当はヒュームがたまたま生きていた近代商業社会という特定の種類の社会で活動する人間であったと感じないことは難しい。イングランドやフランスのように、スコットランドの商人や起業家たちは数十万人のアフリカ奴隷たちが輸送されてきたカリブ海のプランテーションで得られた莫大な利益によって裕福になった。しかしヒュームは近代の奴隷制についてほとんど何も述べていない。そのことはたった一度だけ、近代世界が古代社会よりもより人口が多いかどうかという議論の文脈においてヒュームの著作に登場する（EMPL 429)。ヒュームはほとんどすべての同時代人と同じように商業社会の下部構造のこの部分から目を背け、自分で述べているように「社交や、仕事や、娯楽における人間の振る舞い」（T xxiii）に注意を集中させたのである。

第二章　道　徳

ヒュームの人間本性論は、当初「諸科学の体系」の基礎となることを意図したものであった。この体系は、道徳、「批評」（今日われわれが美学と呼ぶもの）、そして政治の分析を含む。完成すれば、この体系は「何らかの仕方でわれわれが知ることが重要であるか、あるいは人間の心を改善したり豊かにするのに役立つ、ほとんどすべてのもの」（T xx）を完全に吟味することになるであろうものであった。しかし『人間本性論』第三巻で道徳の説明を終えた時、ヒュームはこのプロジェクトの全体を断念し、体系性の追求を放棄した。その代わりにヒュームは道徳や政治の雑多なテーマについて簡潔で優雅なエッセイの執筆に向かった。また、ヒュームは文筆家としての人格を変化させた。もはや単なる人間的事象の「解剖学者」ではなく、今やマナーや道徳に、積極的でそれらを改善させる影響を与えようとする人物として読まれようとするようになったのである。解剖学と「絵画」の組み合わせによるヒュームの実験の頂点が『道徳原理研究』であり、この本はヒュームが自分の著作の中で最も優れていると判断することになったものである。

諸科学の体系の断片

ヒュームは、『人間本性論』の第一弾［訳注：第一巻、第二巻］の文筆界の評価を待っている間に、第三巻「道徳について」を完成させた。ヒュームが道徳の議論で取り組んだ主要な問題はすでに第二巻で導入されていた。それをヒュームは、「近年公衆の好奇心を大変掻き立ててきた、道徳の区別は、自然的で根源的な原理に基づくのか、それとも利益と教育から生じるのか、という論争である」（T 295）と述べている。これはとりわけマンデヴィルの著作が突き付けた問題であった。マンデヴィルはその代表作『蜂の寓話』において、道徳的区別は自然の原理に基づくものではなく、すべて利益と教育から生じると論じていた。マンデヴィルによれば人間は生来、社交的な生き物ではない。人間は互いに協力し、権威を尊重するようになるには操作され、強制される必要があり、道徳的な規則や制度の発明は、この社会化の過程に不可欠の部分である。第二巻で誇りと「卑下」の原因としての徳と悪徳について論じたとき、ヒュームは道徳の自然性の問題を脇に置いたのである。しかし、自身の人間本性の理論を打ち出した今、彼はこの問題を正面から取り上げることができるようになった。

ヒュームの答えは、道徳には自然の原理に基礎を持つ部分もあるが、重要な部分はそうではない、というものだった。『人間本性論』第三巻の大部分は、特に正義の徳が人為的であることを証明する狙いの議論に費やされている。「正義」によってヒュームは、所有の尊重や、ある人から別の人に所有がどのように移転されるかを定める規則の尊重や、また将来の所有の移転を現在の一方の当事者の行動によって保証することを可能にする契約の尊重を意味していた。所持と所有の区別や、個人間の財産の譲渡を定める規則は、人間の平和な社会生活に不可欠である。しかしヒュームは、これらの諸規則は、人間が自然に従うようにされているものでも、道徳的義務とみなすべきものでもないと論じた。それらの尊重が信頼できるものとなるのは、第一に、育ちや、教育や、社会的圧力を通してだけ教え込むことのできる自己利益の規律ある規制によるのである。規則への服従が第二の自然になるにつれ、そうした服従に明確な道徳的価値が存在するという感覚が各個人の中で生じる。共感が、それらを社会全体に対して諸規則が利益になるように調整する。このようにして、自然な共感的社交性の限界が拡大され、人間は社会のすべての構成員の必要と期待に自分を合わせることを学ぶのである。

たまたま政治的権力を担っている人物の性格や目的について持つ自分の見解にかかわりなく、国家であるという理由だけで国家に従う義務の感覚も同様に人為的であるとヒュームは論じた。ホッブズやロックの社会契約説の後で、この主張は非常な論争を引き起こすものではなかったが、第三章で見るように、ヒュームは契約主義者たちの政治的義務の根拠の説明の仕方には非常に批判的であった。同時代の人々にとってもっと不愉快であったのは、同様の論拠による、女性の貞操の義務は何ら自然的なものではないというヒュームのさらなる主張であった。しかしマンデヴィルが道徳のすべてが人為的であるとまで主張したことは誤りであった。人為や考案物に依存しない徳もある。広範な人間社会を可能にしている慣習のシステムという文脈においておいて見られるまでもなく、自然に敬意や軽蔑を引き起こす性格の特性がある。その利益は「柔和、恩恵、慈善、寛容、落ち着き、穏和、［そして］公平」（T 578）といった徳においては明白である。これらの行動を促す「自然な人間愛」は、その行使の一つ一つの場合において、明らかに称賛され、大切にされるべきものである。

グラスゴー大学道徳哲学教授就任講演で原注7、フランシス・ハチスンは「古代の最良の作家たち」の、徳は「自然に従った最善で、最も完全な生活」であるという見解は正しかったと主張してマンデヴィルに対抗した。ヒュームは、マンデヴィルとハチスンの間の道を見出そうとした。ハチスンは、マンデヴィルへの回答として、人間には特別な「道徳感覚」があり、それによって自己利益を考慮せずに徳と悪徳を区別すると主張したことでよく知られている。また、ハチスンは初期の著作で、一部の哲学者がしているように、道徳判断が純粋な理性の働きで、その確実性は数学や論理学の証明に匹敵すると主張するのは誤りであることは明らかであると主張していた。ヒュームは、道徳が純粋な理性の問題ではないとしてハチスンに同意した。このことは、道徳判断が「情念を掻き立て、行動を生じさせるか、妨げる」（T 457）という事実から明らかであった。しかしそうであってもヒュームは、視覚、聴覚、嗅覚に匹敵するような特別な「道徳感覚」の存在を認めようとはしなかった（それゆえ第三巻の一節に「道徳感覚から生じる道徳的区別」という表題をつけたのは誤解を招く)。ハチスンがマンデヴィルに対して、是認と否認という明確に道徳的な観念は自己利益の判断に還元されえないと反対したのは正しかった。しかし、こうした観念は他の用語で説明されるものであった。ヒュームが情念の分析において訴えた共感の能力は、情念を他人の快楽や苦痛に対する快い、また苦痛の反応として理解する手段を提供したのである。道徳は効用の観点から説明することができ、それは「快適な」ものについての考えで補完されるとヒュームは主張した。

道徳的区別を行うのが理性の働きであるという考えを拒否することは、極端な主観主義を受け入れることではなかった。ハチスンもヒュームも、道徳判断に誤りの可能性がないとは言っていない。確かにヒュームが言うように、「ある行為や性格を悪徳であると宣告するとき、あなたはあなたの性質の構成から、それを考慮することによって非難の感じや感情を持つということ以外の何も意味していない」(T 469)のである。言い換えれば、あなたが不快や不安の感じや感情を持つと言っているのである。しかし、このことは悪徳の実在性、あるいは徳の実在性を減じるものではない。道徳判断は、音、色、匂い、熱と冷たさについての判断に例えられる。ロックのような近代哲学者はそのような「二次性質」は、ヒュームの言う「対象における性質ではなく、精神における知覚」(T 469)であると確証したのである。しかし、もちろん、何かが赤ではなく青であると判断したり、酸っぱくなくて甘いと判断したりするときに、私が間違っている可能性があることに変わりはない。色や味については、条件が適切であれば、ほとんどすべての人が同意する。不一致は通常、薄暗がりや距離によって、あるいは味覚の一時的または恒久的な損傷によって説明されうる。道徳においてもまた、共感能力が正常に働くことで、何が称賛に値し、何が非難に値するかについての一般的な合意によって、正しさの基準が提供されるのである。

ヒュームの計画では、道徳から「批評」と政治に関する『人間本性論』の次の巻に移ることになっていた。しかし実際のところ、第三巻でヒュームの構想した「諸科学の体系」は終結した。ヒュームは政治について、エッセイや『イングランド史』の中で多くのことを書き続けた。しかし、批評や芸術的趣味の原理については、比較的少ししか書かなかった。なぜかは明らかではない。ヒュームが芸術や、特に古今の文学や歴史に深い関心を持っていたことは、ヒュームの書簡や、出版された著作での夥しい言及から知ることができる。現存する最も初期の書簡には、ヒュームがミルトンとウェルギリウスを読んでいることが記されている。死の床では、ギリシャの風刺作家ルーカーヌスと、出版されたばかりのギボンの『ローマ帝国の衰亡』第一巻を読んでいた。しかしヒュームは、例えば、友人のケイムズ卿の二巻本の『批評の原理』や、アバディーン大学教授のジョージ・キャンベルの『修辞学の哲学』のような本格的なものは試みなかった。

とはいえヒュームは、一七五七年に最初に公刊された「趣味の基準について」というエッセイで、今日われわれが美学と呼ぶものに、一つの永続的な貢献を行うことになった。ここでヒュームは、価値判断は理性ではなく感情の働きであるというハチスンの見解を受け入れることで、当然生じる疑問に取り組んだ。もしハチスンの言うとおりならば、その結果諺にあるように、趣味の事柄については議論できない、ということになるのだろうか。それは常識的な事柄かもしれないが、ヒュームは、それが別の常識に矛盾すると述べる。つまり、ミルトンの作品と、誰も真剣に受け止めたことのないまったく無名の詩人との間に違いがないと主張することは、まったく不合理なことなのである。極端な主観主義は、道徳の場合と同様、批評においても適切ではない。ヒュームが「趣味の基準について」で取り組んだ課題は、善と悪を区別するのに十分な「芸術の一般規則」の存在と、美学的感情主義への関与をいかに結びつけるかということであった。ヒュームの提案は、芸術の規則は経験を積んだ批評家の修練を経た感性にその源泉をもつと理解することであった。ヒュームは「趣味と美の真の基準」とは「繊細な感情と結びつき、実践によって改善され、比較によって完成され、あらゆる偏見を排除した強い感覚」(EMPL 241) であると論じた。

『イングランド史』は、ヒューム自身の趣味や美に対する感覚を提示する機会を提供し、さらに、その並外れた冒険心にもかかわらず、ヒュームがある意味で、その時代の常識や偏見にとらわれていたことを明らかにすることになる。例えば、ジェームズ一世の治世の芸術的業績の調査において、シェイクスピアの劇にある「多くの不規則性や、不条理にさえ」焦点をあてるのは、今では注目に値する。シェイクスピアとベン・ジョンソンには「趣味と優雅さにおいて同様に欠陥があった」し、「ジェームズの治世下、この島における文学の大きな栄光はベーコン卿だった」(HE v 151, 153)。『失楽園』はミルトンの「大作」であることをヒュームは認めるが、「作品の三分の一近くにも及ぶ非常に長い文章があり、ほとんど調和も優雅さに、いや、想像力のあらゆる活力にも欠けている」(HE vi 151) とする。ヒュームは王政復古期の作家の中で「国中を席巻した悪徳と放縦の氾濫にまったく汚染されずにいたのは、ほとんどウィリアム・テンプル卿ただ一人である」(HE vi 544) とまで述べている。

エッセイの執筆について

一七四〇年代初めのある時、ヒュームは『人間本性論』で取り組んだ体系的な人間科学が誤解されていると判断した。彼は『人間本性論』第一巻に非常に大きな期待を寄せていたが、それが受けた反応には失望させられた。この本は、完全には無視されなかったけれども、ヒュームが想像していたような哲学的な革命を起こしはしなかった。ヒュームは、『人間本性論』のような長く難解な書物は、もう時代の文芸的文化にはそぐわないと考えた。ヒュームは『人間本性論』第三巻の執筆中、エディンバラを拠点に、一七一一年三月から一七一二年十二月までジョセフ・アディソンとリチャード・スティールが毎日発行して大きな影響力を持った『スペクテイター』誌にならった雑誌を始めようと考えていたようであり、多くのエッセイを執筆した。その計画は何も実現しなかった。その代わり、ヒュームは一七四一年と一七四二年に道徳的・政治的エッセイの単行本を二冊出版している。

エッセイという形式は、哲学的な創意工夫と革新性を、『人間本性論』がそうではなかったような、読者公衆の期待と能力に適した言語と論証スタイルに結びつける手段を約束するものであった。ヒュームの最初のエッセイ集は、エッセイの書き方についてのエッセイで始まっている。そこでヒュームは自らを「学問の国から会話の国への一種の住人あるいは大使」(EMPL 535) と表現している。ヒュームは、学問が近年まで大学や修道院に限定されていたことへの遺憾の思いを表明した。このことは趣味にも、礼節ある世界の会話にも悪い影響を与えてきたとヒュームは主張した。というのも、歴史、詩、政治、そして哲学の知識なしに、何を書き何を語ることができるだろうか。その結果がゴシップとほとんど変わらない文学、あるいは劇的な効果をそれ自体として求める文学になることは決まりきっていた。同時に、学問も世間から閉ざされることによって、衒学趣味と野蛮な文体に堕落してしまっていた。エッセイストは、学問を礼儀正しくまた論じやすく教え、居間やクラブの話題に、興味深く重要な事柄を取り込ませることで、この二つの問題を同時に解決しようとした。

ヒュームのエッセイストとしての野心の表現方法は、アディソンに負うところが大きい。アディソンが考案した人物である「ミスター・スペクテイター」は、アディソン自身の代弁者を務めるのであるが、自分は「哲学を書斎や図書館、学院や大学から連れ出して、クラブや集会、お茶の席やコーヒーハウスに住まわせた」原注8と言われるようになりたい、と宣言していた。アディソンと同様、ヒュームもエッセイを特定の読者層に向けた手段として考えていた。大金持ちは「快楽に浸りすぎ」、非常に貧しい者は「生活必需品を調達することで頭がいっぱいで、理性の落ち着いた声に耳を傾けることができない」（EMPL 546）。大きな富と極度の貧困の間に位置する「中産層」の人々は、エッセイストが提供するものから最も多くを得ることができる立場にあった。それらの人々は、勤勉や誠実さだけでなく、人間性や愛想の良さなど、あらゆる徳の必要性を有しており、大富豪や貧困の人々よりも知恵と実践的能力の両方を身につける機会を有していたのである。そのエッセイストは、中産層の人々に対等な存在として語りかけ、そして特に友情の喜びを知る上で最善の立ち位置に置かれている限りで、自分たちの立場が最も幸福なものであることを認識するよう勧めている。貧乏人は、その貧しさゆえに、友情が生み出す良い奉仕をすることを阻まれ、金持ちは、その富の故だけのために尊敬されるようにいつも心配していなければならないのである。

ヒュームは「貪欲について」と題するエッセイの中で、中産層がおそらく特に陥りやすい悪徳を論じた。ヒュームは、金銭の獲得にそれ自体を目的として執着することは道徳家や哲学者たちが常に非難してきたが、それが治ったという誰かの例を一つ見つけることすら難しい、と述べている。ヒュームは読者に、強欲の治療法ではなく、むしろその原因についての独創的な説明を提供した。金銭への貪欲は通常老人や、「冷徹な気質の人」に見出される。その理由は、人間の精神に完全に情念が欠けることはありえないからであり、他のすべての関心が無に帰してしまった人の状態に最も適するのが、この情念だからである。なぜこのような冷徹で没精神的な情念が、しばしば極端になるのだろうか。ヒュームの答えは、欲深い人間の冷徹さが、評判、友情、快楽といった通常の関心事に対して鈍感にさせ、その結果、情念が通常そうであるように、自分が他人の目にどう映るかを意識することで、その情念が穏健にされることがないから、というものだった。貪欲さに対しては、それを笑う以外なすべきことはない。ヒュームは「それを真剣に扱う人よりも、機知とユーモアでそれを攻撃する人の方を承認しようとした」(EMPL 571)。ヒュームはそのエッセイを自分で作った寓話で終え、すでに無数にある守銭奴に向けた気の利いた冗談に、自分のものを一つ付け加える程度のことを行おうと意図した。

アディソンと同様にヒュームにとって重要だったのは、男性だけでなく女性にもアピールする文体を考案することであった。ミスター・スペクテイターは、女性が「世界の半分を占め、われわれの国の正当な親切さと丁寧さのおかげで、国民のより強力な部分である」原注9と述べている。同様に、ヒュームは女性を「会話の帝国の主権者」として描き、「あらゆる洗練された書き物について、同じ程度の理解力を持つ男性よりもはるかに優れた判定者である」(EMPL 535, 536)と宣言している。ヒュームは「歴史の研究について」というエッセイの中で、「他のあらゆる楽しみの中で、女性の性と教育に最も適した楽しみであり、普段の娯楽書よりも有益で、通常は書斎にあるような真面目な作品よりも面白い」（EMPL 563）として、女性に歴史を勧めようと気を配っている。言葉を換えれば、女性にとって歴史は、小説や説教、宗教的黙想の指南書よりも優れていたのである。ヒュームは、「恋愛と結婚について」という別のエッセイで、女性が男性よりも当然により関心をもつとされる事柄を取り上げ、女性読者に、なぜ男性が結婚生活についてしばしば不平を言うのかを説明するという課題を引き受けている。

しかし、ヒュームがそのエッセイにおいて、当時の性差別的な偏見に考えもなく加担したに過ぎないと結論するのは誤りであろう。確かにヒュームは、男女の関係に関しては進歩的ではなかった。『人間本性論』第三巻の貞操についての議論において、ヒュームは、性的快楽の欲求への耽溺を抑えることは男性にとってよりも女性にとってより重要であるという想定に異議を唱えなかった。他方、貞節と慎み深さを人為的徳と分類することで、それらを非神秘化する方向にいくらか貢献した。ヒュームは、社会が女性の言動や服装、行動に課している制約には「自然における基礎」がないことは「明白」だと主張した。論じるに値する唯一の問題は、そうした制限の必要性という観念が、「教育から、人の自発的なコンヴェンション（慣習）から、そして社会の利益から」（T 570）どのように生じるかであった。そして、なぜ男性よりも女性において性的禁欲が大切にされるのか、また、女性が出産年齢を過ぎた後もそうした禁欲に伴う習慣が大切にされ続けるのはなぜなのかを説明することで、ヒュームは、宗教や、夫や父親が妻や娘に対して持つ何らかの本質的権威に訴える必要がないことを明らかにした。その代わりに考慮されるべきことのすべては、父親は自分の子供の養育と教育の費用を払うことが期待されるが、生物学の小さな事実が意味するのは、女性の貞操だけが、経済的に責任を負う子供が本当に自分の子供であることを保証するということであった。

同様に、ヒュームが「一夫多妻と離婚について」というエッセイで一夫一妻を支持し、自発的な離婚に反対したのは、ヒュームが主張しているのは自然法の事柄ではなく、一つのコンヴェンションであるという事実をある仕方で強調することを意図したものである。他の時代や場所では、一夫多妻も離婚も許されていた。しかし「結婚に関する現在のヨーロッパの慣行」(EMPL 190) を支持するために言うべきことは多くあった。男一人が女一人と結ばれた場合、妻は夫からより良い扱いを受けた。離婚が許されない場合には、子供たちは無関心な、あるいは意地の悪い継母の世話になる運命から免れた。男女の間の愛が、穏やかで落ち着きのある友情に発展しやすく、夫と妻の利害の結合の永続性によって、それぞれが互いを疑う理由を持たなくとも済むようになった。このエッセイの議論は、さもなければまったく恣意的な押しつけに思える事態を、理解できるようにするのに役立っている。

ヒュームの考えでは、エッセイは何よりも穏健な媒体であった。エッセイストに特徴的な姿勢は、対立するものの間を通り抜け、それまで不一致や対立があったところに合意や調和を生み出そうとするものであった。エッセイは、学問の世界と礼儀正しい会話の世界を結びつけるものである。このエッセイは、男性と女性の関心とマナーを結びつけた。そしてそのエッセイによって、ヒュームは自分の考えを、凝り固まった、動機が卑しい両極端の哲学を超える道を示す思慮深い妥協案として提示することができたのである。初期のエッセイの一つ「道徳的偏見について」でヒュームは、友情、名誉、愛国心といった観念そのものを冷笑的に嘲る人々と、人間は日常生活の問題を超越することで自己を完成させられると考える人々との間の中間的な立場を指摘した。エッセイという形式は、自分自身についての経験の真実にかなう人間の状態を理解することに向けてのヒュームの探求を、放棄するのではなく、再構成するための方法であった（図3）。

解剖学的絵画、絵画的解剖学

エッセイ形式に向かうことで、ヒュームの主要な関心事であり続けた「道徳の諸主題」にどのように取り組むかについて、ヒュームの考えに変化が生じた。『人間本性論』第三巻を完成しようとしていた頃、ヒュームはハチスンと文通を行い、その過程でハチスンはヒュームの文体があまりにも飾り気がない解剖学的な調子であることに不満を述べていた。ハチスンの反論は、ヒュームの言い換えでは「徳の原因のある種の暖かさ」（LDH i 32）に欠けていることである。ヒュームは、これは自分が書いている種類の本の必然的な欠点であるが、そうであって

ESSAYS,
MORAL
AND
POLITICAL.

By DAVID HUME, Esq;

The THIRD EDITION, Corrected, with Additions.

LONDON:
Printed for A. MILLAR, over against *Catharine Street* in the *Strand*; and A. KINCAID in *Edinburgh*.
M.DCC.XLVIII.

図３　ヒュームの名で印刷された初の作品となった「エッセイ集」

も「モラリストと形而上学者がもう少しは一致するように」できることをしたいと返答した(LDH i 33)。この目的のために、ヒュームは第三巻に「幸福ならびに美徳の尊厳」という、どちらかと言えば急ごしらえの最終段落を付け加えた(T 620)。その翌年、ヒュームは道徳化を目指す画家の実践的な関心に解剖学を適合させるために、もっとできることがあると決断したようである。これも、エッセイ形式がその克服に役立つ対立であった。

しかし、解剖学と絵画がどのように一致するかについてのヒュームの理解は、簡単に特徴づけられない。というのも、ヒュームが「貪欲について」というエッセイで示唆しているように、道徳的な向上は彼の直接的な目標ではないからである。ヒュームは、読者に通常よりもより完璧になる方法を教えようとはしなかった。『人間本性論』第一巻と第二巻で与えられた人間本性の説明は、理性を連合的想像力の習慣による作用として再定義するものであり、理性的自律に対する人間特有の能力に訴えるという伝統的な仕方で、哲学が人間の徳と幸福を増大させることができるとヒュームが信じることは不可能であった。もちろん、哲学を楽しんでいる人が少数であれ存在することは事実であり、彼らにとって哲学は生きるに値する人生の不可欠な一部である。しかし、それが人類全体に当てはまるとみなそうとするのは滑稽だろう。

ヒュームは「道徳的偏見について」というエッセイで、ストア派を、合理性の涵養によって人間の状態を改善し、完全にさえすることができるという想定に特にこだわる哲学者の一派であるとした。第一章で見たように、ヒュームにはストア派の主張自体に対して懐疑的になる伝記的な理由があった。ヒュームは、哲学の治療的野心に対する批判を、「世間で自然に形成され、人間の生活や幸福についての考えを持つ党派の感情」（EMPL 138）に関する一連のエッセイで繰り広げた。ヒュームはこれらのエッセイの中で、順番にエピクロス派、ストア派、プラトン派、懐疑派の役を演じている。一人称で書きながら、ヒュームは幸福がどのように達成されるべきかについて、これら最初の三つの学派の見解を要約する。エピクロス派は、世間から退き、友情と会話の快楽を育むことを重視する。ストア派は、徳をそれ自身のために積極的に追求することを強調する。プラトン主義者は、神の精神の完全性を観想することを提唱する。これに対して懐疑論者は、幸福の本質が人生への何らか一つの特定のアプローチにあるかどうかを疑う。哲学者は一般に、「われわれの種族の間にある膨大な種類の傾向や追求を無視し、各人が自分の人生の歩みに完全に満足しているように見え、隣人の人生の歩みに縛られることを最大の不幸と考える」（EMPL 160）という。哲学は、すべての人間の心に薬を提供することはできない。人生における一つ一つの対象の見かけ上の価値は、情念によって決まるものであり、たまたまその人の性格において優勢な情念に対して、誰かができることはほとんどないのである。

ヒュームが「懐疑派」の中で自分自身のことを語ったと想定することは適切である。ヒュームは一貫して、人生をいかに生きるべきかの教師としてふるまうことを拒んでいた。その代わり、ヒュームが読者に提供したのは、読者が自分自身をありのままに見ることができる鏡のようなものであり、そうすることで自分の能力の現実的な理解を得ることができるのである。ヒュームは、「人間本性の尊厳と卑しさについて」というエッセイの中で、人間を神の姿に似せて作られたものと表象することで人間の可能性を誇張する人々の見解と、人間を虚栄心においてのみ他の動物より優れている動物の地位へと引き下げる人々の見解の両方を拒否している。『人間本性論』においては、ヒュームは人間を動物になぞらえることを主張していたが、今度は、人間という種を卑下することの帰結を憂慮している。ヒュームは、「私の意見は、人間を好意的に思う傾向のある人々の感情は、われわれの本性を卑しいものとする反対の原理よりも、徳にとってより有利であるというものである」（EMPL 81）と書いている。このことが意味するのは、ヒュームが人間を半神として描き、その理性と意志の能力が人間の神的な起源を示す多くのしるしであるとする人たちに同調しようとしたということではない。われわれの能力の正確な理解を得るために必要なことは、われわれがいつも自分を一方では神と、他方では動物と絶えず比較することをやめ、人間本性それ自体に注意を向け、われわれの生活を形成する動機の性質のより明確な理解を得ることである。

もちろんこれがまさに『人間本性論』第二巻におけるヒュームの関心事であったが、そこでは解剖学者としての厳格な客観性を保ちながら、ヒュームは人間本性そのものを価値評価することは差し控えていた。ヒュームはマンデヴィルによってある仕方で答えられ、ハチスンによって正反対の仕方で答えられた、人間の利己性の程度の問題には取り組まなかった。友情とか公共心とかいうものがほんとうは存在しないというのは真実だろうか。ヒュームは「人間本性の尊厳ないし卑しさについて」において、そう信じる人々は、徳や友情の行為が快適であることや、そうした行為がわれわれの恒常的な称賛への欲求を満たすのに役立つことによって惑わされてしまったのだと主張した。これらの事実から人間の根本的な利己性を推論するのは間違っている。というのも、第一に徳は快を生むのであって、快から生じるのではないからであり、第二にヒュームが言うように「有徳な行為の栄光を愛することは、徳を愛することの確かな証拠」(EMPL 86) だからである。人間本性の否定的で悲観的な評価には、自分が実際そうあることに快を感じるであろうようなものになることが不可能であると信じさせることで、人々の自然な徳への傾向の行使を妨げる効果があったのである。人間本性の解剖学は、人々が自分自身や自分の能力について抱く誤解を解くという実用的な目的に役立つ。それは、人間が生まれながらにして、自分自身の幸福と社会全体の善の両方への傾向を備えていることを示すものである。

ヒュームはこういう仕方で改善と啓発の哲学へと向かった。社会的な地位を必要としたので、一七四四年にヒュームはエディンバラ大学の道徳哲学教授候補に自分の名前を持ち出すことを許したが、その職を得損ねたときにもそれほど失望しなかった。道徳哲学の教授に期待されていたこと――十代前半の少年たちに、父親として、夫として、市民として、そしてキリスト教徒としての義務を教えるということ、をヒュームが行うことは想像しにくい。精神的に不安定なアナンデール侯爵の家庭教師を短期間務めた後、ヒュームは、イギリス軍隊でジェームズ・セント・クレア将軍の秘書として二年近くを過ごした。その後、チャーンサイドの実家に戻り、尋常ではない知的エネルギーを発揮して、道徳哲学の新著を含む数多くの主要著作を書いた。その本は当初は、相互に関連しているが独立した一連のエッセイとして構想され、一七五一年に『道徳原理研究』として出版された。

普通の生活の道徳

一七四六年にフランスの町ロリアンに対する、失敗に終わったイギリスの攻撃に参加した時、ヒュームは、疲労と空腹以上のたいした理由もなく帰国させられることで名誉を傷つけられたくないために絶望した陸軍士官の自殺の出来事に立ち会った。ヒュームは法律に従って外科医を呼んだが、将校は自傷の傷で間もなく死んでしまった。ヒュームは手紙の中で「これほど揺るぎなく生命の軽視を表明した者はいないし」、「これほど断固とした人生の出口にかなった哲学的原理を表明した者もいない」と書いている（LDH i 97)。おそらくこの経験の結果として、ヒュームは後に自殺に関するエッセイを書き（しかし出版はされなかった）、そこでヒュームは自らの命を絶つことは必ずしも神や隣人、あるいは自分自身に対する義務の違反ではないと主張した。自殺は「あらゆる罪悪感や誹謗の汚名から自由でありうる――古代のすべての哲学者の意見によれば」（EMPL 580）。自殺を絶対的に禁止することは自然な感情に反し、宗教的迷信がいかに普通の道徳的常識に反しているかを示す典型的な例であった。ヒュームが道徳哲学を書き換えた動機は、単にそれを読みやすくしたいという願いだけではなかった。かなりの程度までそれは、キリスト教的な道徳文化には道徳的感情に逆行する点があり、その結果人々が無駄に不幸な人生を送っている、という鮮明な感覚に動機づけられていた。

ヒュームは、キリスト教的近代の倫理理論の根本的問題は、ある行為は、その結果がどうなるかにかかわらず、それ自体で善と呼ばれるに値するという考えに固執することであると考えた。自殺の誘惑に屈しないことは、たとえそれによって保たれた人生が悲惨なものであったとしても、道徳的に称賛に値するとされた。「自己殺害」を避け、自分の居場所にとどまることは、端的に義務の問題であり、義務を果たすことは、単にそれが義務であるがゆえに――つまりそれが神が人に要求することであるというだけで、称賛に値するのである。ヒュームの考えは、このような一連の考え方は、自然な道徳的感覚と相容れない押しつけであるというものである。それは、近代キリスト教だけの考え方ではなかった。ストア派は自殺の許容を受け入れたが、彼らもまた善それ自体、つまりたとえ誰もそれを善と認めないことになったとしても、それ自体で善であるものを称賛する論を立てたのである。しかしヒュームは、その時代、その場所の常識にそぐわない道徳的英雄に対しては、常に疑念を抱くことが適切であると考えた。その結果にかかわらない義務のための義務への見せかけの関心は、虚栄心によって説明がつくことがあまりにも多かった。それとは対照的に常識的な道徳思想は、まさに行動の過程がもたらす明白な利益と害悪について熟慮するものであるので、それ自体をそれ自体に対して正当化することができた。徳の明白な有用性は、『道徳原理研究』の主要なテーマであった。

仁愛や正義といった「社会的徳」の場合、有用性は明らかであった。実際、それはあまりにも明白であり、これらの徳はその有用性のゆえにのみ評価されると結論する十分な理由があった。もし人間の環境が大きく変化して、正義の規則が役に立たなくなったら、その規則に従うことは、もはや適切な意味で徳とは見なされないだろう。『人間本性論』において、ヒュームは所有に関するコンヴェンションの有用性を、正義が自然的徳ではなく人為的徳であるという論証の一部として利用した。このようなコンヴェンションが人間社会に不可欠であるという事実は、コンヴェンションはその目的のために発明されたという考えを妥当にする。こうしたコンヴェンションに道徳的な意味を付与するために、生得的な傾向を仮定する必要はないのである。しかしヒュームは正義の人為性を指摘する関心を失った。付録の脚注では、ヒュームはこの問題全体を「単なる言葉上の」論争として退けている（E 308）。

ある行為や習慣の有用性によって、なぜわれわれはそれを道徳的に善いと呼ぶよう促されるのかという問いに対する答えとして、ヒュームは私たちが自然に他人の幸福に関心を持つ「人間愛」の原則を想定した。ヒュームは、「公共の利益や、社会の平和、調和、秩序を促進する傾向は、われわれの構造にある仁愛の原理に影響を与えることで、常にわれわれを社会的徳の側に引き込むようにさせるのである」（E 231）と書いた。同じ原理が、良識、冒険心、倹約、節制、忍耐など、社会全体ではなく、その所有者に役立つ徳の道徳的承認も説明した。「人間愛」は、おそらく『人間本性論』で述べられた共感の能力という観点から説明可能であったが、その作用の詳細は、ヒュームの目下の目的にとって重要ではない別のものであった。問題になるのは、人間愛の存在という事実であった。それは、人間が自己利益のみによってのみ動かされると考える必要がないことを意味する。人間本性が基本的に利己的であるとすれば、道徳的判断と行動の基礎として、傾向の性質に反する義務のための義務を考慮することは当然である。しかし、ヒュームが「人間本性の尊厳と卑しさについて」というエッセイで論じたように、利己的理論は観察と経験に裏付けられた人間本性の見解ではなかった。

ヒュームは徳の有用性を強調すると、明確な道徳的性格の特性と、選択や努力というよりも運の問題である身体的・精神的な資質の通常の区別が曖昧になることを認めている。ちょうど良識、冒険心、倹約がその所有者にとって有用であるのと同様に、美、体力、器用さ、遺産の富もまた有用なのである。両者の性質は有用であるがゆえに称賛されるのであり、このことは、両者の間に重大な道徳的区別が存在すると想定する根拠を失わせるものと思われた。また多くの評価できる特質、属性、能力は、ヒュームが自分自身または他人（あるいはその両方）に対する「快適さ」と名付けたもののゆえに評価される。例えば仁愛には、良い効果に加えて、「感情の柔らかさと優しさ、魅力的な親愛、好意的な表現、繊細な気配り、愛と友情の温かい愛着に入り込む相互の信頼と敬意の流れ」（E 257）において何か直ちに快いものがある。しかし、ユーモアやウィット、そして清潔さにさえも同じ魅力があるのである。

これらの事実を認めることは、明らかに、意志と選択の道徳的意義を低下させることであった。道徳的な善の領域が自由と責任の領域に限定されるという考え方も、また近代に固有でそしてキリスト教的な考えであるとヒュームは考えた。それは「古代の哲学者たち」の感情にも、日常生活の感情にも反するものであった。同じことが、「独身主義、断食、懺悔、苦行、自己否定、卑下、沈黙、孤独」（E 270）などの「僧侶的徳」に何か道徳的に称賛すべきものがあるという考えにも当てはまる。そうした慣行には何の有用性も快適さもない。それどころか、理解を鈍らせ、心を頑なにし、想像力を腐敗させ、機嫌を悪くするのに役立つだけである。それなら、それらは徳ではなく悪徳の目録に移されるべきであろう。

ヒュームの信仰心のある友人や同時代の人々の多くが、独身主義や断食が無意味であることに同意していただろう。しかし彼らは、道徳には有用性や快適さ以上のものはないことを受け入れることは不可能であるとした。多くの点でヒュームの考え方に深く影響されたアダム・スミスによってさえ、ヒュームは人格の価値の分析から自発性や義務を欠落させたことで広く批判されることになった。スミスは「人間愛は女性の徳である」原注10と述べた。そしてスミスは、「最も慈愛のある行為には、自己否定も、自制も、適正性の感覚の大きな努力も必要ない」と続けている。しかし、ヒュームの要点は、まさに道徳は自己否定や自制や努力の事柄とみなされる必要はないということであった。彼は、徳を魅力的で、簡単で、身近なものとして表現することを意図していた。徳の唯一の目的は「徳を大切にする人々と全人類を、可能ならば彼らの存在のあらゆる瞬間に、明るく幸福にすることであり、徳は、人生の他の時期に十分な補償が得られることを期待してでなければ、いかなる喜びをも進んで手放すことはない」(E 279)。有徳な人生とは、人間が自然に生きたくなる人生である。徳がもたらす幸福は、今ここで可能なのである。それは神の恩寵を必要とせず、またいかなる他の種類の根本的な自己改革も必要としない。

図4　アラン・ラムジーによるヒュームの油彩肖像画、1755年

『道徳原理研究』は読者を力づけ、自信を喚起することを目的としていた。それは読者に自分たちが本当はどんな存在なのかを教えてくれる。牧師やモラリストに言われるのとは違って、自分たちは自然な傾向を克服するために義務の観念を必要とするような利己的

な存在ではないのである。自分たちの自然な傾向には何もやましいものはない。自分たちの感情を人生の導きとして信頼することができたのである。ヒュームは一度ならず自分の著作の中で『道徳原理研究』が一番のお気に入りであると公言しているが原注11、おそらくそれはこの本で、ここで道徳的生活における有用さと快適さの遍在を示すことで明白な、分析と「解剖学」を重んじる自身の姿勢が、日常生活の通常のありかたに反しないことが最も明確になったからであろう。というのも、他のあらゆるものと同様、哲学そのものも、それが有用であり、理想的には快適なものである限りで良いものであるからである。

モラルの向上

ヒュームは、違った国民が違った性格をもつように、社会によって道徳規範が異なるという事実に盲目ではなかった。ヒュームは『道徳原理研究』とともに発表した架空の対話の中で、古代アテネの道徳と近代フランスの道徳を比較している。アテネの功労者は、姦淫を好み、異母妹と結婚することができ、望まなかった子供を外に放置して死なせる習慣があるので「今の時代には恐怖と憎悪の対象となるかもしれない」。一方、フランスの功労者は、妻の姦通に無関心で、専制政治に従順で、つまらない名誉の事柄をめぐり死ぬまで争う傾向があり、「アテネの人々にとっては最高の軽蔑、さらには嘲りの対象かもしれない」（E 333）と述べている。

しかし、これらは同じ基本的な道徳原理が異なる形で表現されているに過ぎない。アテネ人とフランス人の両方が称賛した資質や実践はすべて、自分自身や他者にとって有用である、あるいは快適であるという理由で評価されたのである。この対話の話者の一人が表現しているように、「ライン川は北に流れ、ローヌ川は南に流れるが、どちらも同じ山から湧き出ており、また同じ重力の原理によって反対の方向に動かされている」（E 333）のである。

一八世紀には現代と古代の比較が執拗に行われ、少なくとも道徳文化の点では、現代は古代に劣ると考えるのが普通であった。さらに言えば、ローマの衰退と没落に続く暗黒と暴力の時代に比べても、現代世界は劣っているのではないかと疑うのが普通であった。その頃は少なくとも、古代世界と同様、人々は自由と独立を何よりも大切にし、国家への奉仕に完全に身を捧げようとしていた。それとは対照的に現代では、人間は製造業や商業の成果によって利己的で軟弱になり、共同体全体の善よりも自分の私生活に関心を持つようになったのである。ヒュームの道徳思想の最も顕著な点の一つは、このような道徳的衰退の物語に入り込まないことである。ヒュームは逆に、現代の商業界が古代と異なるだけでなく、道徳的に優れている重要な点があると確信していた。ヒュームは同時代の誰よりも古代ギリシャ・ローマに関心を寄せていたが、決して懐古主義者ではなかった。ヒュームは、商業と贅沢品市場の繁栄は、腐敗の元凶となるどころか、生活水準だけでなく、道徳の向上にもつながると確信していたのである。

もちろん、古代が現代より道徳的に優れている点もある。自殺に対する考え方はその典型的な例である。特にキケロの道徳哲学は、リチャード・アレストリーの『人間の全義務』のようなキリスト教の一般的な倫理書のそれよりも健全なものであった。ヒュームは、キリスト教は多くの点でヨーロッパの道徳文化に災いをもたらしたと考えた。しかしその傷は致命的なものではなかった。近代ヨーロッパ諸国は、キリスト教が世俗的な関心事を非難するのを無視して富の追求に専念し、そうするうちに、ヒュームが「技芸における洗練について」というエッセイの中で述べているように、「勤勉、知識、人間愛は、不可分の鎖で結ばれており、〔……〕より洗練された俗に言うより贅沢な時代に特有であることが判明した」(EMPL 271) のであった。現代世界が優れていることの証は、それが古代世界よりもかなり人口が多いという事実であり――ヒュームはそう信じるに足る理由を見出した。「他のすべての条件が同じであるならば、最も幸福と美徳と賢明な制度があるところには、最も多くの人口が存在すると期待するのは自然なことである」(EMPL 382) と主張したのである。

しかし、ヒュームが人間の不幸や苦しみが広く存在することに盲目であったわけではない。ヒュームは、近代的な形態での奴隷制の悪を認めなかったかもしれないが、ヒュームの著作は、商業の時代にどのように物事が改善されようとも、人生の苦しみがその数と強度の両方で、快楽よりも大きいことに変わりはないという確信の証言を十分に提供している。ヒュームはこのことを、自然的・道徳的な悪の存在が、慈悲深い神の想定とどのように両立しうるかという問題を論じたときに指摘した。初期手稿断片(アーリー・メモランダ)の中で原注12、ヒュームは「世界の始まりから今日に至るまで、偉大な賢者や人類一般の感情に従って、人間の生を不幸の現場と見なすことに傾いている」と宣言している。「食料、ワイン、バイオリン、暖かいベッド、コーヒーハウスでの会話は、拷問台、砂利、悪名、孤独、そして地下牢に比べれば、わずかな存在にすぎない」とも述べている。ヒュームは、摂理の働きという大きな文脈で見た場合、自然的・道徳的悪は、他の方法で可能であったよりも、より多くの善を生み出す手段であることが示されたというキリスト教的反応にまったく耳を貸さなかった。彼は、摂理的な計画の仮説には何の証拠もないと反論した。

そしてまた近代世界で起こったような進歩が今後も続くという証拠もなかった。一七五〇年十二月、ヒュームが『道徳原理研究』を書き終えた頃、若きアンヌ=ロベール=ジャック・テュルゴーは、パリで「人間の精神の連続的進歩に関する哲学的考察」と題する講演を行った原注13。この講演は、人類はゆっくりと、しかし果てしなく大きな完成に向かって歩んでいるのだというイメージを提示した。ヒュームにはそのような自信はなかった。現在の進歩の時代に衰退と退歩が来ないという保証は何もなかった。人間には政治における党派主義や宗教における狂信によって、自分自身にも他人にも大きな損害を与える可能性が常にあったのである。

第三章　政治学

ヒュームは『人間本性論』の中で、「政治学は人間を社会の中で一体となり、互いに依存し合うものとして考察する」（T xix）と書いている。言い換えれば、政治学は人間を政府の下で生きるものとして考察するのである。なぜなら、動物と違って人間は最も小さな社会を除いて、すべての社会で団結を保ち、互いに相互依存を受け入れさせるために政府を必要とするからである。ヒュームにとって政治学の一部は、各個人がそのもとに生きている政府に対して負っている義務を理解することであった。それは、その義務の源泉とまたその限界について説明することであった。これは、政治生活そのものに関する一般的な問題であった。しかしヒュームは、政治社会について抽象的に語るべきことがどれほどあるかについては懐疑的だった。ヒュームは「私は、〔……〕世界はまだ若すぎて、政治学における多くの一般的真理を確定できず、それが最後の子孫まで真実であり続けるのではないかという疑いに傾いている」（EMPL 87）と告白している。一七四〇年代初頭に発表したエッセイでは、当時のイギリスの政治文化の特徴であった党派間の対立に主に焦点を当てている。一七五二年に出版された新しいエッセイ集では、国際貿易に関して政府がどのように行動すべきかという近代政治特有の問題について考察している。ヒュームは一七五〇年代の残りの時間で、「ジュリアス・シーザーの侵略から一六八八年の革命まで」のイギリス史という体裁で、イギリス独自の政治的自由の起源に関する研究を行った。

政治的義務

ヒュームは『人間本性論』第三巻で忠誠を「人為的な」徳に含め、明白に人類の善への傾向を持つという理由でわれわれがそれらの個々の例を是認する博愛、慈善、寛容のような「自然な」徳から明確に区別している。権力者が定めた法律に従うことが、なぜ道徳的な義務であるのかは明白ではないかもしれない。結局のところ、その義務は、法自体の道徳的性格からではなく、むしろ私たちに服従を強制する権威を要求する人々によって作られたという単純な事実に由来するのである。そしてどんな人間も、彼らの命令通りに行動することを道徳的に強いる特別な属性を、生まれながらにして持っているわけではないように思われる。この個人、あるいは、あの家族には、忠誠を命じる権利があるということは、たとえその起源が古く忘れ去られていたとしても、究極的には常にコンヴェンション（慣習）の問題であるに違いないのである。ヒュームは政治的権威が自然であるという考えを拒否する点で、ホッブズやロックに同意し、王の命令権が神の意志に直接由来すると考える人々を否定した。

一方、ヒュームはホッブズやロックが示した政治権力の構築に関する説明を受け入れることは不可能であるとした。これらの説明は、個人の忠誠義務の源泉を自発的かつ意識的な同意の行為に求めるものである。ヒュームは少なくとも二つの理由から、これは信じがたいことだと主張した。第一は、通常の生活において、自分がそのもとで生活している政府に同意したと言えるようなことをした、あるいは言ったと自覚している人はほとんどいないことである。もう一つは、この問題がおそらく「無言の」あるいは「暗黙の」同意という概念によって克服できたとしても、約束の合意の条件を守ることがあらかじめ義務であるという観点から服従の義務を説明する方法はないように思われることであった。なぜなら、なぜ約束を守る道徳的義務があるのかは、なぜ忠誠への道徳的義務があるのかと同様に、明白ではないからである。前者の種類の義務が自然的なものではないのは、後者の義務が自然なものではないのと同様である。結局どちらも、あるコンヴェンションへの一般的な順守がもたらす有益な結果という観点から説明されなければならないのである。

ヒュームによれば、忠誠を維持することが道徳的義務であるという考えは、「所持物の安定、同意による所持物の移転、約束の履行における正義の執行、政府への服従なしには不可能である」(T 546) という事実から導き出されるものである。この理由から、政府への服従は明らかにわれわれの利益となる。さらに、不公正な事例によって損害を受けた人々に同情するわれわれの自然な傾向は、服従の義務が単に賢明であるというだけでなく道徳的であるという感覚によって自己利益を補完する。このようにして、政府の権威に対する信念は、自動的にそして無意識のうちに強められる。忠誠とは、ヒュームが描いた人間本性の像に基づく生活の多くの部分と同様に、無意識のうちに身についた習慣の事柄である。さらにヒュームは、人がたまたまそのもとに生まれた特定の政府の形態を受け入れることも習慣のためであると付け加えた。ほとんどの政権は、その正当性を示すために、長い間権力を担ってきたという事実以外に訴えるものがない。通常、彼らの権力は暴力の産物であって合意の産物ではない。しかしヒュームによれば、政治の世界では、その起源は重要ではない。「習慣よりも感情に、われわれへのより大きな影響を持たせるものや、何らかの対象により強く想像力を向かわせるものはない」(T 556) と指摘する。

忠誠の道徳的義務という考え方の起源において効用が果たす役割によって、ヒュームは一方では、政治的義務の基礎としての同意を否定し、他方では、それを(すべてではないが)多くの同意論者が是非とも確立しようとした抵抗権の受容と結びつけることができた。政府が正義の履行を確保できず、所有と契約が保護されず、秩序と信用の代わりに無秩序と恐怖が存在するところでは、政府に対する信用が失われ、最終的には政府に従わなければならないという意見が消滅するに違いないからである。そのとき、存在している体制はそれがどれほど長く存在していようとも、善よりも害を及ぼしているように見えるであろう。そしてそのような体制が、他の体制に取って代わらなければならないという感情が生じるのは自然であろう。ある体制には何があっても従わなければならず、抵抗することはいつもどんな場合にも必然的に犯罪になるという考え方は、政府が果たすはずの目的とは明らかに相容れないものである。

それでも、政権交代を試みるほうが現政権の無能や、それより悪い事態を我慢するよりも良いだろうと人々が絶対に確信できることはめったにない、とヒュームは考えた。哲学は抵抗の権利がいつ行使されるべきかを正確に明らかにすることはできない。確かにこのような権利の存在は、イングランドのような混合政府においては特に明確であった。そこでは政体の各要素が、他の諸要素の側の侵害から自らの権限と特権を守る権利を持っていた。しかしだからといって、原則を実践に適用することが容易であったわけではない。ヒュームは自分の抵抗権の議論がいわゆる名誉革命――「あの有名な革命は、われわれの政体に大変幸福な影響を与え、非常に強大な帰結をもたらした」(T 563)――に対して持つ含意について、慎重に斜に構えて非常に短く論じており、ヒュームは一六八八年当時でさえ抵抗が正当であることは明確ではなかったことを示唆している。

革命の正当性の本質は、まさにその「影響」と「帰結」にある、とヒュームは続けた。ハノーヴァー朝の現体制も、その正当性を時間の経過に依拠しているという点で、他の多くの体制と何ら変わりはない。「時間と習慣はあらゆる形態の政府に権威を与え」、「あらゆる王子の継嗣に権威を与え、最初は不正義と暴力の上に築かれたその権力は、やがて合法的で義務的なものになる」（T 565）とヒュームは説明した。ジェームズ二世からウィリアム三世への王位継承が「不正と暴力」の一例であるという指摘だけでも煽動的であったが、ヒュームは一七四五年のジャコバイト蜂起後の不安定な状況においても、自分の見解を変えようとはしなかった。それどころか、ボニー・プリンス・チャーリー（いとしのチャールズ王子）を倒した者たちの粗野な勝利主義の根拠のなさを強調するために、政治的責務に関する新しいエッセイを書いたのである。

ヒュームは「原始契約について」で、それ以降、同意理論に対する古典的な批判となったものを打ち出した。「プロテスタント継承について」では、ハノーヴァー家（プロテスタント）への王位継承の場合とスチュアート家（カトリック）への継承の場合を比較考察し、一七一四年のジョージ一世の即位までの状況として、そのような継承の利点は欠点を明らかには上回らないとした。四十年後、ハノーヴァー家の正当性を証明したのは、高度な政治的原理ではなく、単にハノーヴァー家が権力を持っていたこと、そして彼らが政権を取ってから事態がそれなりにうまくいっていたことであった。ヒュームは友人に、「この問題を、私が今の時代から千年離れているかのように、冷静かつ公平に検討しようとした」（LDH i 112）と述べている。

穏健な政治

一六八八年の革命は、国王大権と議会特権をめぐる一七世紀の大きな政体論争に――ジャコバイトの人々の心にではなくとも、大多数の人々の心の中では――決着をつけることになる政体を制定したのであった。しかし、一六七〇年代に内戦後のコンセンサスが崩壊して以来、英国政治を形成してきた悪質な党派対立を終結させることはできなかった。「トーリー」は「ウィッグ」と対立したままであり、最初はジョージ一世、次にジョージ二世が英国初の「首相」として政府の仕事を遂行するためにウィッグのロバート・ウォルポール卿に頼ったため、緊張が高まった。一七二〇年代と一七三〇年代には、トーリー党と不満を持つウィッグの不安定な連合が、ウォルポールの「腐敗」に反対する「愛国的」連合として位置づけられ、元ジャコバイトのボリンブルック卿ヘンリー・セント・ジョンが主に執筆した、雑誌『クラフツマン』で不満の声をあげた。

一七四一年に出版された最初のエッセイ集『道徳政治論集』において、ヒュームは、『スペクテイター』と同様に『クラフツマン』を手本にしたと読者に告げている。しかし、ヒュームが実際に行おうとしたのは、アディソン流のエッセイの節度とバランスを同時代の政治の現場に適用し、イギリスの政治がなぜそのような形になったかを理解させることであった。これもまた一種の「解剖学」であった。その目的は、党派間の分裂を修復することではなく、それをよりよく理解することであり、その結果、分断された両側が党派主義に対する不満を党派の目的のために利用するのを止めさせることであった。

ヒュームは、当時のイギリスでは、政党間の対立を愛国的な国民統合の政治に置き換えようとしても意味がないと考えていた。政府の主要職務が君主と議会に分かれている混合政体の国では、一方では権威と安定の基礎として王位を重視する人々、他方では権利と自由の擁護を議会に求める人々の間に敵意が生じることは避けられなかった。混合政体において、正確に、権力の均衡をどのように保つかは、意見が分かれるところであった。ある人々は王室を信頼して国民を恐れ、ある人々は国民を信頼して王室を恐れる傾向があった。当時の言葉で言えば、「コート（宮廷）」党と「カントリー（在野）」党が存在するはずであった。この二つの党の対立する原理こそが、「イギリス政府における真の分裂」であるとヒュームは主張した（EMPL 71）。

政党間の争いの根本は、自己利益の判断の不一致であった。自分たちの利益は王室によって最もよく守られると考える人々と、自分たちの利益は議会によって最もよく守られると考える人々がいたのである。イギリスでの問題は、この分裂が原理の問題とされるものについての意見の相違によって複雑化し、特に危険なものとなっていたことであった。トーリー党は王室への支持を、王権神授説と不可譲継承の信念と結びつけ、スチュアート家のみが王位の権利を有するとした。ウィッグは、議会への信頼と抵抗権の支持を結びつけ、誰が王位につくかの決定は、最終的には議会の権利であるとした。ヒュームは「原理からの政党、特に抽象的な思弁的原理は、近代になって初めて知られるようになった現象であり、おそらく人間の問題で最も異常で説明のつかない現象である」(EMPL 60) と断言した。

　宗教上の違いは政治的な違いを強めるものであった。権威と秩序を支持する政党は、既成教会の政党となるに違いなかった。というのもヒュームが言うように、「思想の自由と思想表現の自由は、司祭の権力と、それがいつも基礎とする敬虔な詐欺にとって常に致命的である」(EMPL 65–6) からである。対照的に、個人の自由と権利の保護を掲げる政党は、非国教徒たちに支持されるに違いなかった。というのも彼らは、普遍的な宗教の自由とまではいかなくても、少なくとも非国教徒に対してある程度の寛容さを確立することを望むことができたからである。すべての宗教的な意見の不一致がそうであるように、この意見の不一致は激しくなる傾向があった。寛容の範囲を広げることを拒否することは、君主的な専制政治と見なされる可能性があった。英国国教会に対する反対派の批判は、君主政そのものに対する煽動的な敵意として描かれる可能性があった。近代イギリスの事例は、キリスト教には政治的紛争を弾圧や迫害の口実にする、諸宗教の中でも特異な能力があるというヒュームの疑念を裏付けるものであった。

　ウォルポールとウィッグ至上主義の時代、イギリスの政党政治は「不自然」であり、「怪物的なもの」とさえなった（EMPL 612）。非国教徒と結びついた伝統的な「カントリー」派が政権を握り、既成教会と結びついた伝統的な「コート」派が野党になった。ヒュームは、このことが古い政党のラベルが意味を失ったことを意味するとは認めなかった。ボリンブルックは、一六八八年以降の国制の価値を信じる人々と、権力に貪欲なウィッグの腐敗した一派との間に分裂があるだけであると主張したが、それは政治的事実を自分勝手に分かりにくくしたものであった。トーリー党は、自由と名誉革命の和解を受け入れる党として再出発したが、君主制の原則を何よりも重視しており、それが結局ハノーヴァー朝の王たちに対する敵対関係を説明するものであった。彼らは議会によって即位させられた王を全面的に受け入れることはできず、そのような王は必ず彼らに敵対することになったのである。ウィッグ家は権威ある政党となり、王室から与えられる役職や年金の受給者となっていたが、もし選択を迫られれば、特定の王家への忠誠よりも自由を選んだであろう。このような理由から、英国国教会は依然としてトーリー党に属し、非国教徒は依然としてウィッグ党に属していたのである。つまり、政党政治は根本的にこれまでと同じであり、前世紀の対立に戻る可能性が常にあったのである。ヒュームは、このことを理解することは、党の分裂の両方の側が穏健であることがいかに重要であるかを理解することであると考えた。

ヒュームは、各党が相手を攻撃する際に使う極端な言葉の中に矛盾があることを示すことで、そのような穏健さを育むことを期待した。ウィッグは、ウォルポール以外に革命の和解を守れる者はいないと主張し、トーリーは、逆にウォルポールとその政策によって革命の和解が破壊されると主張した。両者の主張は、一六八八年以降に制定された国制に対する尊敬の念とは相容れないとヒュームは指摘する。両者が言う国制は、一人の人間に依存して存続するようなものではなく、また、一人の人間が致命的な損傷を与えうるようなものでもない。国制が良いという事の肝心な点とは、結局のところ、誰が権力の座に就くかが問題にならないということである。良い国制とは、諺にもあるように、人ではなく法による統治である。法の支配は、両党が何よりも大切だと言っている種類の統治である自由な統活の体系を、絶対主義から区別するものであった。

しかし、この議論は、それ自体が非合理的で危険な敵意の源になりかねないものであった。ヒュームは、ブリテン人――いや、むしろイングランド人――は党派に分断されてはいても、同じヨーロッパ人に対する自分たちの傲慢で、無知な優位性を感じながら集まっていることをよく認識していたのである。イギリスの自由は、大陸の専制政治、特にフランスの専制政治に対する非難として決まって吹聴されていた。しかしイギリス人が自分たちの国制を過大評価することは、過小評価と同じくらい有害であるとヒュームは考えた。穏健さは、絶対的な国家が自由な国家より優れている点があることを認識することを要求する。ヒュームはこの点を、「技芸と科学の生成と発展について」という本格的なエッセイで述べている。そこでヒュームは、学問や文化の起源が自由にあることは事実であり、科学は共和国で最も栄える傾向があるが、芸術が完成したのはフランスのような君主制国家であったと主張している。

ここで重要なのは、近代ヨーロッパでは、ヒュームが言うように絶対君主制が「文明化」したことである。王はもはや政府のあらゆる側面に自らを押し付けようとはしなくなった。行政は、最も重要な司法の運営も含めて、一人の人間の気まぐれから独立することが許されるようになった。ヒュームが「市民的自由について」というエッセイで論じたように、このことは絶対主義が専制主義を伴い、自由がないというのは、もはや真実ではないことを意味する。文明的な君主制は、共和制と同様に、人ではなく、法の統治と呼ぶことができる。ヒュームは、「文明化された君主政体は、驚くほどに秩序と方法と不変性を受け入れやすいことがわかった」と熱心に語っている。「そこでは所有安全であり、勤労は奨励され、技芸は栄え、君主は子供に囲まれた父親のように、臣民に囲まれて安泰に暮らしている」(EMPL 94、訳 82)。ヒュームが読者に植え付けようとした穏健には、国際的な側面があった。イギリスの状況を冷静に解剖学的に理解するためには、自国の国制が持つ独自の長所を主張することを控えなければならなかった。

政治経済

ヒュームは「市民的自由について」というエッセイで、オランダのような共和国やイギリスのような共和国に近い国が国際貿易でうまくいっているのは、フランスのような生粋の君主国では、商業は名誉ある人間の関心事ではないと考えられているからだと論じている。しかし、そのことがフランスの商業的成功の恒久的な障害となることはないだろう。ヒュームが指摘するように、一七世紀まで貿易は国家の事業とは見なされていなかった。イギリスやオランダ共和国が、その規模は小さいながらも、豊かさや壮大さ、そして軍事的成功を収めて初めて、国王やその大臣たちは、大規模な商業の重要性を認識したのである。古代世界の政治哲学者も、イタリアの都市国家の政治哲学者も、政府が貿易の問題にどう対処すべきかについて何も語っていない。やがて政治経済学として知られるようになるこの学問は、まだ揺籃期にあったのである。ヒュームは一七四九年から一七五一年にかけてチャーンサイドに滞在していたときに、『道徳原理研究』などの新しい一連のエッセイの大部分を執筆し、商業の政治性がよりよく理解されるように力を注いだ。ヒュームの『政治論集』の目標は、やがてスミスの『国富論』で展開されるような体系的な論考ではなかった。その代わりに、ヒュームは読者に自分の思い込みを吟味し直すよう説得し、単なる常識として受け入れられてきたことを批判的に考えさせようとしたのである。

最も根本的に、ヒュームは読者に、商業が生み出す富は国家の道徳的健全性を必然的に脅かすという伝統的な考えを再考させようとした。政治思想の中には、古代スパルタやローマ共和国の徹底した独立性を自由の本質とし、商業、特に贅沢品の取引は、個人の利益よりも国家の利益を優先させる厳格な愛国主義者にとって致命的であるとする強い潮流が存在した。第二章で見たように、ヒュームの反対意見は、国家の繁栄が増大すれば、自然にマナーや道徳が改善するというものであった。このことは、近代世界の歴史を衰退の物語と見ることが誤りであることを示す一つの理由であった。確かにスパルタやローマの価値観は失われたが、だからといって近代国家が古代の祖先より弱いとは限らない。オランダ共和国やイギリスの例が示しているのは、実際には商業の成功が国家を強くするということであった。そこには、所有の保護と制約のない事業心の表現という、新しい近代的な自由への理解があった。商業の精神はこのように理解された自由の精神と同じものであった。ヒュームは、商業と良い政府、そして個人の自由と安全の間に密接な関係があることを見抜いた最初の政治批評家である、とスミスなら言っただろう原注14。

すると、政治家にとっての問題は、商業が国家の状態に対して自然に有益な効果を発揮するのをいかにして助けるかであった。ヒュームはこの問いが間違った仕方で答えられていることを確信していた。商業の本来の目的は貨幣の蓄積であり、貨幣は金銀の別称であると人々が考えるのは理解できた。この想定では、商業とは一種の国家間の戦争であり、その戦争に勝っている証は、ある国家にお金が流れ込み、他の国家からお金が流れ出ていることである。つまり、貿易収支が「プラス」であることが重要であり、それは輸出額が輸入額を常に上回るようにすることで達成されるであろう。それに加え、輸出できる限り儲けるためには、賃金を低く抑えることが不可欠である。このように考えることが理解可能であることはヒュームも受け入れたが、しかしそれは完全に間違っていた。貨幣は商業の本質ではない。貨幣は手段であって目的ではない。それは交換の道具にすぎず、貿易の車輪ではなく、ヒュームが言うように「車輪の動きをより滑らかで容易にする油」(EMPL 281)であったのだ。

ヒュームはこのエッセイの中で、国がどれだけの貨幣を持っているのかが重要であることは自明ではないと主張した。物価は常に貨幣の量に適応し、貨幣が増えれば上がり減れば下がる。貨幣を蓄えることが、国家が他の国家と取引する際に有利に働くとも、単純には言えなかった。貨幣は戦争や交渉に役立つが、ある国の他国への輸出品をより高くし――そして貧しい国の輸入品をより安くする効果もある。しかし貨幣と国の繁栄との間には明らかに何らかの関係があった。アメリカ大陸の発見以来、多くのヨーロッパ諸国がそうであったように、金や銀の保有量が大幅に増加した国は、生活水準が向上していた。金銀が不足している国は、たとえ人口が多く食糧が豊富にあったとしても、国際的な舞台で発言力を持てなかった。ヒュームはその原因を貨幣量の増加による影響にあると主張した。貨幣の量が増えれば、もともと経済に存在する貨幣の量に関係なく経済を刺激する。その結果、新たな富が生まれ、国家はそれに課税し、国際的な地位を向上させるために利用することができる。

貨幣供給量の増加は、産業や事業を刺激するのでこのような効果を持ったのである。新しい貨幣の到着とそれに伴う最終的な物価の上昇までの間には、地主や商人や貿易商がその貨幣を働かせ、貨幣をもたらした人々から借金をし、新しい技術への投資や追加労働力の雇用によって、競争相手に対して優位に立とうとする期間があった。そうすると可処分所得が増え、再投資に充てるだけでなく、自分や家族のために使うことができるようになる。彼らはより上質な服を買い、より大きな家を建て、それが他の人たちの繁栄を増すことになる。やがて貨幣は国民全体に行き渡り、商品と労働力の価格は、経済が再び減速するところまで上昇する。しかしそうなる前に、効率的な税制によって、国民全体と同じように国家も豊かになる。別の言葉では、その国の経済にとって最も重要なのは、貨幣供給量の増加を利用しようとする国民の意欲と能力であった。ヒュームが言うように、貨幣の不足の効果とされるものは、実際には生活水準を向上させるために働こうとしない人々のマナーや習慣がもたらす「付帯的効果」なのである。

それだから、政府が国民経済を管理する上で必要なことは、何よりも勤労と事業習慣が通常の効果を発揮するようにすることであった。もちろん政府には、所有を保護し、法の支配を施行する義務がある。また、橋や港の建設など、大規模な資本プロジェクトに必要な労力を調整する役割もあった。しかし政府がすべきことは、邪魔をしないことであり、土地所有者、製造業者、商人たちが、たとえ小麦や羊毛などの必需品を輸出し、商業上の競争相手の製品を輸入したとしても、自分たちの判断で事業を行うことができるようにすることであった。関税や貿易規制は、一般に不必要であり逆効果であった。貿易はできるだけ自由であるべきで、時には新興産業の保護も必要である。税金は、経済活動を妨げるのではなく、刺激するような形で徴収されなければならない。

ヒュームは、国の富の本質の再認識を促したのである。一国の最も重要な資源は貨幣のストックではなく、国民のエネルギーと創意工夫にある。同時にヒュームは読者に対して、国際関係に対する理解を見直すように説得しようとした。貿易の論理は、一六世紀末からヨーロッパ諸国が取り組んできた領土と資源（特に金と銀）のゼロサム競争の論理とはまったく異なるものであった。世界の国々が分け合うべき富は有限ではなかったのだ。貿易によって国が豊かになるためには、近隣諸国がその製品を購入する余裕が必要であり、そのためには近隣諸国も農業や製造業の技芸や科学を発展させる必要があった。ヒュームは一七五八年に追加したエッセイで、それゆえ「人間としてだけでなく、イギリス

図5　ルイ・カロジスによるヒュームのデッサン、1764年頃

国民として」、「ドイツ、スペイン、イタリア、さらにはフランスそのものの商業の繁栄」を祈ると宣言している（EMPL 331）。

ヨーロッパ各国は、新しい資源や市場を求めて繰り広げられた争いのために多額の借金を背負っていた。イギリスも例外ではなかった。ヒュームは、国の借金は事実上、国が自分自身に負っている借金であるから心配する必要はないという議論を否定した。一国の債務には、主要な債権者が自国民であるという事実がどうであれ、常に国際的な側面がある。イギリスの対外関係の危機があれば、窮した政治家たちは、借金返済のために蓄えていた資金に手を出しそれを使い果たし、債権者と信用に致命的な影響を与えることになるに違いない。あるいは、その国はもはやそのようなリスクを負うことを望まず、将来的にはヨーロッパの勢力均衡の維持に関与することはないと決断するかもしれない。イギリスは、隣国が抑圧され、征服され、征服者のなすがままになっているのを見る方を好むかもしれないのである。ヒュームは、イギリスが非常に多くの負債を抱えているため、不安定な世界では、最終的に公的信用のために「自然」に死ぬか「暴力的に」死ぬかのどちらかの選択になることを懸念していた。

イギリスの自由の歴史

ヒュームは一七五二年に『政治論集』を出版し、国際的な称賛を浴びた。この本は「私の本の中で、初版で成功した唯一の本」原注15であるとヒュームは後に書いている。その前年、ヒュームはついに実家を離れ、エディンバラに居を構えた。スコットランドの首都は、ちょうどこの頃、文化的、科学的発展の最初の兆しを見せており、それはやがて今日啓蒙と呼ばれているヨーロッパ全体の知的革命に大きく貢献したと見なされる資格を得た。一七四九年には「哲学協会」が設立され、アダム・スミスは修辞学と法学の最近の発展について公開講義を行い、街の文士たちは新しい文芸誌『エディンバラ・レビュー』を創刊しようとしていた。スコットランド教会の年次総会では、自覚的な「穏健派」の牧師たちのグループが自説を主張し始めていた。ヒュームは、エディンバラの弁護士会の図書館司書として、この刺激的な活動の中心に立ち位置を見出した。この仕事は給料は高くなかったが、ヒュームは三万冊の幅広い最新の蔵書を容易に利用することができた。一六〇三年の王冠統合から一六八八年の革命までの新しいイギリス史の次の執筆企画を持つ者にとって、この仕事はうってつけのものであった。ヒュームはかねてから歴史書を書こうと考えていた。そして今、ヒュームはその機会を得たのである。

『イギリス史』は一七五四年と一七五七年の二回に分けて出版された。そしてヒュームは、一七世紀に英国で起こったことを完全に理解するためには、テューダー家の治世から始める必要があると考えた。ヒュームが友人に宛てた手紙によれば、近代史はテューダー家から始まったのだ。「アメリカが発見され、貿易が拡大し、技芸が発展し、印刷が発明され、宗教が改革された。そして、ヨーロッパのすべての政体が変化した」（LDH i 249）。しかしながらこの物語を完成させるには、遠くローマ帝国の征服にまで遡る必要があることがわかった。このようにして、グレート・ブリテンの歴史として始まったものは、イングランドだけの歴史となったが、必然的に、スコットランドとの関係は、アイルランドやフランスとの関係とともに、一貫したテーマとなった。イングランド史のテューダー朝以前の部分は「果てしない労苦と研究」（LDH i 321）を要することが判明したにもかかわらず、エリザベスからローマ帝国の侵略まで遡るのにわずか四年しかかからなかった。ヒュームは一七六二年までに歴史的な労作と研究を終えてしまった。

『歴史』のスチュアート朝の巻でヒュームは、革命が終結させることができなかった党派政治紛争で用いるためウィッグとトーリーの両方が構築した物語についての懐疑的な検討を読者に提示した。そのためにはまず、内戦、チャールズ一世の処刑、一六五〇年代のクロムウェル朝の専制政治に誰が責任を負うのかという問題を再検討することが必要であった。ウィッグは、国民と議会の古来の特権を組織的に侵害したスチュアート朝の王とその閣僚に責任を押し付けた。それに対してトーリーは、ピューリタンの政治的・教会的体制への憎悪に刺激され、同様に古くからある国王と教会の大権の尊重を拒んだ共和主義的急進派を封じ込められなかったとして、歴代の下院を責めた。ヒュームは、一七世紀前半の歴史について、両者の視点から主要な主題を織り交ぜようと努めた。宗教的過激派を中心とする庶民院は、王と議会の間に確立した均衡に絶えず圧力をかけ、王室に対する財政的優位性を意識し、それを利用しようとした。ジェームズ一世とその息子チャールズは、自分たちの足元が揺らいでいることを理解できず、本当はもう行使できないはずの大権への権利を再び主張することによって、緊張を悪化させたのである。

その後の惨状の責任は双方にある。またそれは根本的な問題を解決することにもならなかった。チャールズ二世とジェームズ二世は、伝統と前例に訴えて諸権利への要求――特に、王室が国家の行政機関としての役割を果たすのに十分な議会からの収入を得る権利――を主張し続けたが議会ではこれを認めない傾向が強まっていた。このため各々の王は議会抜きの統治を試みようとしたが、実はそれはフランス王の秘密の財政支援によってのみ可能であった。王と庶民院(および領主)の間の緊張は、後期スチュアート朝のカトリックへの共感によってさらに高まり、最終的には致命的なものとなった。一六八八年に公然たるカトリック教徒であるジェームズ二世が後継者となる息子の誕生を発表すると、議会は北海を越えてジェームズ二世の異母姉でプロテスタントのメアリーの夫で、プロテスタントのオレンジ公ウィリアムを頼り、この問題をきっぱりと解決しようとした。これ以後、イングランドには議会の善意に根本的に依存せざるを得ない君主が誕生することになる。

ヒュームは、一六八八年に向けてのイングランドの歩みを、注意深く公平な仕方で叙述している。教条的なウィッグが悪意あるスチュアート朝の専制君主制として描いたものを、ヒュームは人々が犯した一連の過ちとして描き、その人々の政治的現実についての無知は残念ではあるが理解できるものとした。実際、ヒュームはスチュアート朝の王の徳を、その敵の悪徳や不条理とともに、わざわざ浮き彫りにしているように見えた。チャールズ一世の治世の終わりのまとめで、ヒュームは、この王の「徳は、彼の悪徳、より正しく言えば彼の不完全さよりもきわめて優勢であり、彼の欠点のうちで、悪徳と呼ぶに値するほどの程度になったものはほとんどなかった」（HE v 542）と評した。ジェームズ二世は「犯罪者というより不幸な人物」であった（HE vi 520）。一六八八年の抵抗と革命は、最終的には有益となったが、ネロやドミティアヌスの打倒に匹敵するようなものではなかった。他方、オリバー・クロムウェルは、偏屈者で偽善者であり、その宗教的狂信は彼の過熱した政治的野心の仮面以外の何物でもなかったのである。

ヒュームが繰り返し強調したのは、スチュアート朝が犯したその大権の権限の範囲についての過ちが許されるのは、彼らが抱いていたイギリス王権のイメージが、彼らより前の時代には現実のものであったからだということであった。大切にされてきた神話に反して、スチュアート朝の専制は、エリザベス女王のもとでの自由の黄金時代に先行していたわけではなかった。テューダー朝の時代のイギリスは、一八世紀のヨーロッパが「アジアの専制」の例として好んだ当代のトルコのようであった。エリザベス治世のウィッグの歴史家たちは、「きわめて無知であり［……］彼女がとりわけ持ち合わせていなかった資質、すなわち国制に対する優しい配慮、国民の自由と特権に対する配慮のために彼女を絶賛した」(HE iv 354)。さらに、イギリスの自由の精神の代弁者であるはずの議会は、テューダー朝の君主が持つ自らの権限の大きさについての考え方への挑戦にしくじり続けた。エリザベスはその長い治世の大部分の間、まさに民衆一般の意見に完全に一致した統治を行ったために人気を博していたのである。

テューダー朝の権力は、ヘンリー八世がローマと決別した結果、国家元首と教会元首の役割を併せ持つようになったことの帰結であった。宗教改革後、宗教は「その時代のすべての政治的取引が依存する主要なポイント」(HE iv 176)であった。程なくしてピューリタニズムが台頭し、そしてヒュームは、政治的絶対主義の時代には「自由の貴重な火種」を燃やし、そして保持したのは宗教的熱狂者であったことは受け入れようとした(HE iv 145–6)。しかし、ピューリタンが本質的にイギリス的な自由への渇望を表現していたと想定するのは間違いである。イギリス人の大多数は、まだ教会での礼拝に「ローマ式」の儀式を好んでおり、エリザベスの宗教問題に対する慎重さと妥協は、彼女を国民から非常に人気のある存在にした重要な部分であった。

ヒュームの分析では、宗教改革の結果と同様に重要なのは、ヘンリー七世が行った封建的財産法の変更の結果であった。この時から、大土地所有者は土地を抵当に入れたり譲渡したりすることが可能になり、同時に贅沢品の消費のために資本を解放し、新しい中産層の所有者に農場の生産性を高める動機を与えることになったのである。この時、イギリス国制のパワーバランスは貴族から庶民院へと徐々に変化し、封建的貴族の没落が始まった。しかしこのイギリス政治の力学の大転換が実現するまでには、二〇〇年の歳月が必要であった。その直接の結果として、貴族は大勢の武装した家臣を維持することよりも、見せびらかしのための消費に関心を持つようになり、権力の空白が生まれた。テューダー朝の君主たちはこの空白を埋めるために素早く行動し、恒久的に不安定なライバルである諸貴族のネットワークを、より独裁的でトップダウンの国政システムに置き換えたのである。

それでテューダー朝時代は、王と諸貴族たちの間の支配をめぐる長く、しばしば暴力的な闘争が終焉を迎えた時代であった。ウィッグの歴史家たちは、個人の権利や議会の権利に関する古代の概念とされるものが中世に復活した証拠を見出そうとしたが、しかしヒュームは、マグナ・カルタや庶民院の初会合といった重要な出来事について、このような解釈をするトーリーの批判者たちに同意した。ヒュームは、個人が君主から独立し、君主に対抗して権利を有するという考えは存在しなかったと主張した。自由は王権から与えられるものと考えられていたのである。ヘンリー三世の治世に、ヘンリーが州から騎士を、都市から代議士を顧問に招き、議会の構造が変化したことは疑いないが、これはヘンリーが貴族の権力に対抗するための手段に過ぎなかった。それは、立法過程に参加するという古くからの民衆の権利を認めたものではない。王は国制におけるこの新しい権力は男爵よりも従順であると考え、民衆は王がその従順さと引き換えに、封建的な上位者の略奪的行動から自分たちを守ってくれると考えたのである。

ヒュームは一二一五年のジョン王によるマグナ・カルタの調印が画期的な出来事であったことを認めている。しかしそれは、そのきわめて長期的な影響を考慮した場合にのみ、そう言えるのである。当時マグナ・カルタは、王権に対する個人の地位に何の革命ももたらさなかった。ヒュームは「それは、文明的な政府と相容れず、もしそれが非常に頻繁に起こるようになれば、すべての政府と相容れないような専制的な慣行からだけ、しかも単に言葉の条項によって保護するのである」(HE i 487) と主張した。そしてこの条約は、王の実際の統治のあり方をほとんど変えなかった。その条項は一七世紀の終わりまで、イングランドの君主によってずっと無視されていた。言い換えれば、王室が自分の自由が臣民の自由と同様に、法律によって拘束され限定されていることを受け入れるまでに、それだけの時間を要したのである。一三世紀の文脈では、マグナ・カルタは諸貴族の勝利であり、国民一般の勝利ではなかった。マグナ・カルタは、もはや王ではなく諸貴族たちが「王国の主権を真に授けられている」ことを意味したのである (HE i 447)。

マグナ・カルタは、一〇六六年のノルマン征服をきっかけにイングランドに課された封建的な法制度が崩壊し始めたことのしるしであった。しかしヒュームによれば、この解体の過程はアングロサクソンの間に存在した、より自由で「バランスのとれた」政体の形態の再生として理解することはできない。なぜなら一つには、一〇六六年の出来事の結果、それまで存在していたすべての法的形態が完全に抹消されたからである。それは本当に征服であり、ウィッグが考えたがっているように、コモンローの永続的伝統の一時的な閉鎖ではなかったのである。もう一つには、ウィリアム一世の治世以前を振り返っても、称賛すべきものはほとんどなかったということである。一部の人々が好んで真のイギリスの自由と呼んだものは、実際には単なる無政府状態であった。統治不能な貴族の専制的な放縦と、その従者の劣悪な奴隷制の間には、中間が見出せなかったのである。ヒュームは「これらの時代において、人民の大部分は、法の執行が最も厳しく、臣民が最も厳格な行政長官への従属と依存に引き下げられるところよりも、実際はるかに少なくしか真の自由を享受できなかった」(HE i 168–9)と観察している。つまり、モンテスキューが『法の精神』の中で主張したように、近代イギリスの自由の起源が千年前の森の中に見出されると主張するのはナンセンスであったのだ[原注16]。

ヒュームは、時代をさかのぼりスチュアート朝から中世に至るイングランド史を執筆出版し、一七六二年に全六巻の合本版をまとめた。全体として見れば、『イングランド史』はウィッグの神話づくりに対するトーリーの批判と、一六八八年の革命の利益に対する、より大きな、そして根本的にウィッグ的な自信とを組み合わせたものであった。革命は「イギリス国制の本質をあらゆる論争を越えたものとしてしまうほどに、民衆の原理を優位に立たせた」とヒュームは結論づけた。そして、「それ以来、この島では最高の政治体制とまではいかないまでも、少なくとも人類が知る限り最も完全な自由体制を享受していると、誇張の危険なく断言できるだろう」(HE vi 531)と付け加えた。しかし同時にヒュームは、一六八八年を個人や政策とはほとんど無関係に展開した歴史的な力の産物として描くことで、イギリスの歴史に対するトーリーとウィッグの両方のアプローチを弱体化させた。個人やその決断が重要であったとしても、それは意図せず予見もしない結果だったのである。ヒュームが手紙の中で述べたように、「私はいかなる党派にも属さず、いかなる偏見も持たないというふりをする大胆さ」(LDH i 185) を得たのは、この高所からの自由な哲学的視点の採用によるものであった。

ヒュームが読者に提示した政治的教訓は、革命はイングランドの古代の国制を回復するどころか、王室と議会の間にまったく新しい力の均衡を作り出したということであった。全体としてみると、イギリスの歴史は、ノルマン帝国以前、封建時代、テューダー朝時代、そして近代という、異なる国制の継続の物語であった。ヒュームは「イングランドの国制は、他のすべての国制と同様に、絶え間なく変動してきた」(HE iv 355) と述べている。『イングランド史』は、逆説的ではあるが、ヒュームがイギリスの政治を歴史の支配から解き放とうとしたものと見ることができるだろう。内戦以来、歴史は政治的な武器として使われてきた。ヒュームのメッセージは、歴史を正しく理解すれば、それはどちらの党派の政治的な目的にも役立たないというものであった。ヒュームは、最後に書いた巻の最後でどの時代でも「理解しやすく、何らかの権威を伴う唯一の統治規則は、その時代の確立した慣行と、その時点で一般的であり、普遍的に同意されている行政の原理である」(HE ii 525) と主張している。

スタイルの問題を解決する

ヒュームは、『イングランド史』が政治哲学の延長としてのみ読まれることを意図していたわけではない。ヒュームは、「シーザーが〔……〕最初に彼らの島に目をつけたとき」（HE i 6）から、一六八九年二月に議会がウィリアムとメアリーに提出した「権利の宣言」までのイギリス人の歴史を物語るという仕事を真剣に引き受けていたのである。この歴史書は一八世紀前半に書かれた他の多くのイギリス史の中にあって、対照的な位置を占めるものであった。ヒュームは、この歴史書が英語で書かれた他の歴史書よりも政治的でなく、党派的でなく、より公平であるという点で際立ったものになることを期していた。ヴォルテールは、イギリス人はまだ国際的な読者層にふさわしい歴史を生み出していないと指摘していた原注17。その理由は「国の半分が常に別の半分と対立している」という事実である。ヴォルテールは、「イギリス人にはいくつかの治世の記念碑はあるが、歴史というものはない」と断じた。モンテスキューも同じ結論に達し、イギリス人の失敗を彼らの間に広まった極端な形の自由という観点から説明した原注18。モンテスキューは、このような自由は派閥を生み、派閥は派閥的な歴史を生み出すに違いないと考えた。ヒュームは、イングランド人の――あるいはむしろイギリス人の――歴史家が政党政治を克服し、マキャベリ、グイッチャルディーニ、サルピ、そしてヴォルテール自身に匹敵するような方法で書くことが可能であることを証明しようとしたのであった。

ヒュームは手紙の中で「私の物事の見方はウィッグの原則に、私の人物の描写はトーリーの偏見に、より合致している」(LDH i 237) と宣言している。公平性は、イギリスの王と女王の治世にまったく新しい視点を取り入れることによってではなく、通常相容れないと想定される視点を組み合わせることで達成されるものであった。これまで見てきたように、全体的な主張は一六八八年の正当性を擁護するものであり、一七世紀の歴代議会が王権を制限するために行った動きをも正当化するものであった。しかし同時に、これまで見てきたように、ヒュームはウィッグ派の歴史家たちがスチュアート朝の王たちを権力に飢えた暴君と断罪するのを拒んだのである。ヒュームは、極限状態においてすべての人間がそうであるように、彼らを同情と憐憫に値する人間として示したかったのである。例えば、チャールズ一世の処刑の描写では、王家の聖職伝のテーマの一つと呼応することをヒュームは恐れなかった。ヒュームの描くチャールズは最期の日々の間、威厳と自制心のお手本となった。窓の外の足場で二十四時間作業が行われているにもかかわらず、チャールズはぐっすりと眠る。斧が振り下ろされる前に敵を許した。そして、彼の死によって人々の好意を完全に取り戻し、それを聞いた途端、「女性たちは月が満ちない子宮の実を産み落としたと言われ」、また「別の人々は痙攣に陥り、あるいは墓場まで付きまとうほどの憂鬱に沈んだ」(HE v 541)。

言葉を変えると、ヒュームの歴史には哲学的な冷徹さ以上のものがあるのである。彼は別の書簡で、友人に「歴史家の第一の資質は、真実かつ公平であること、次に面白いことである」（LDH i 210）と語っている。ここでいう「面白い」とは、共感や感情を引き出すようなものであることを意味する。その本には、分析的な正確さがメロドラマとしか言いようのないものに道を譲っている箇所が多々ある。一六四一年のアイルランドの反乱について、ヒュームは「どのような年齢も性別も事情も命乞いの対象にならなかった」と書いている。「殺された夫のために泣き、無力な子供たちを抱きしめる妻は、その子供たちと一緒に刺され、同じ一撃で死んだ」（HE v 341）。一六八五年のモンマス公による反乱が失敗した後、イングランド西部で行われた刑罰についても、同じように血みどろの詳細が記されており、「凶暴な野蛮人」カーク大佐が、首を吊られて足が揺れる者たちの「踊り」に合わせて音楽を演奏するよう指示したことなどもその例外ではない（HE vi 462）。ヒュームの手法を別の言葉で表現するならば、哲学者の冷静な観察と小説家の感情操作を交互に行ったと言えるかもしれない。

『イングランド史』（図6）は、ウィッグとともにトーリー、男性とともに女性、スコットランド人やイギリス人とともにフランス人（やそのほかのヨーロッパ人）の最大限の読者層に届くことを意図したものであった。ヒュームは何よりも読みやすいものであることを望んでいた。その目的のためのもう一つの重要な手段は、端的に「簡潔さ」であった。長いとはいえ、ヒュームの『歴史』は他のほとんどの本よりも短く、机や講壇の上で読む必要のある巨大な

図6　1770年版『イングランド史』の表紙絵。ジョン・ドナルドソンによるヒュームの絵から

フォリオ本で出版されることはなかった。ほとんどの版では、八巻の小さな「四つ折り版」本で構成されていた。それらは大量に印刷され、そして、比較的安い値段で売られた。そしてその著者を裕福にした。ヒュームは『歴史』の連続した版の権利を売って四〇〇〇ポンド以上を得たが、今日のお金に換算するとおそらく五〇万ポンドであろう。

悲観主義の理由

ヒュームが『イギリス史』を執筆したのは、イギリスの政治的展望をある程度楽観していた時期である。一七四六年にジャコバイト軍がカロデンで決定的な敗北を喫したので、前世紀のトラウマを置き去ることができた。ジョージ二世の治世の終わりには、新しい政治の時代が始まろうとしている、と一瞬、ヒュームは希望を抱くことができた。新しいエッセイ「政党の連合について」の中で、ヒュームは「将来の幸福の最も好ましい展望を与えるものであり、祖国を愛するすべての者が注意深く大切にし、促進すべきもの」（EMPL 494）という種類の政治の発展を歓迎している。新しい国王の誕生に続いて新しい大臣が誕生し、そしてウィッグのウィリアム・ピットが率いる政権は崩壊した。この政権は、アメリカの支配をめぐってフランスとの果てしなく続き、限りなく高くつくように思われた戦争にイギリスを巻き込んだ。

ピットは新国王ジョージ三世によって罷免されはしたが、しかし戦争は一七六三年まで続いた。パリ条約の翌年に出版された『論集』の新版で、ヒュームは国家債務に関する議論に変更を加えたが、それは彼の楽観主義がすでに失われたことを示唆するものだった。実際、政治家が七年戦争の戦費支払いのために将来の税収をどの程度抵当に入れたかを考えるにつれ、ヒュームはついに、英国の自由がもたらすはずの恩恵に対する自信を喪失してしまったのである。国債の利子を払うための費用は、どの政府にとってもすぐに大きくなりすぎるとヒュームは考えた。国の債権者の利益と国そのものの利益との間の選択を迫られることになるだろう。同じ選択が、他の国によってもなされなければならないことになるだろう。しかし、イギリスが特に不利な立場にあることをヒュームは心配した。なぜならイギリスの債権者は、その大部分が国を動かしている人たちだからだ。彼らは、庶民院や貴族院の議員であったり、またはそれらの人々と密接なつながりをもっていた。したがって、国債を債務不履行にしようとする動きには、当然議会が抵抗することになる。これに対し、フランスのような絶対主義国家では、債権者の不満に関係なく、君主が債務不履行を行うことは原理的に可能であった。ヒュームは将来を見据えたとき――もちろん間違ってはいたのだが――、イギリスには災難が、そして古くからの敵（フランス）には勝利が訪れると考えた。

一七六〇年代に入ると、ヒュームの悲観論はさらに強まった。ヒュームは一七六八年から九年にかけて、非国教徒議員でジャーナリストのジョン・ウィルクスが下院から追放された後、ロンドンで暴動が起きたのを目撃している。ヒュームは、暴徒に対処する政府の卑劣さを目の当たりにして愕然とした。ヒュームはテュルゴに、この混乱は社会が完成に向かって進んでいるという考えに反対する決定的な証拠を提供するものだと言った。イギリスは政治の狂気に支配されているとヒュームは考えた。暴徒には、取り上げる価値のある不満はない。彼らは、自由が何を意味するかをまったく理解せずに、そして最も危険なことに、権威という相殺的な力が提供する保護がなければ自由は空虚な言葉であることも自覚せずに、自由を要求していた。ヒュームは、このことを明らかにするために、「政府の起源について」という新しいエッセイを書いた。行政府の弱体化は、イギリスにおける権力の均衡が大衆の側に移行していることを意味し、その結果、残忍な多数派の名のもとに国制の原則を踏みにじるデマゴギー的な独裁的人物が出現することになるとヒュームは確信していたのである。ヒュームは甥に、イギリスのような大きな国家で共和制に向かう動きは、「アナーキーしか生まない、それは専制の前触れである」（LDH ii 306）と語っている。

アメリカ植民地での最初の不満、その後の公然とした反乱のニュースによって、ヒュームはイギリスの統治の形態が崩壊しつつあるという感覚を確信した。権力者たちがあまりにも無能であったため、帝国の喪失は彼らの自業自得以外の何物でもなかった。しかし、アメリカとの同盟が「長くは続きえない」（LDH ii 237）のは「物事の本質」であることも事実であった。アメリカの人口と自己主張の増大は、植民地を母国支配下に置くためのコストが、アメリカ貿易への課税によって得られる収入よりも、すぐに大きくなることを意味していた。ヒュームは友人に「国家にも個人と同様に、異なる年齢があり、異なった対応が必要である」と書いている（LDH ii 288)。アメリカ植民地はもはや若くもなく、子供のようでもなく、そうでない振りをしたところで何も良いことはない。何としてでも彼らにしがみつこうとするのではなく、彼らを解放し、対等な条件で貿易することがイギリスの利益となる。ヒュームが一七七五年十月に書いた手紙の中で、「私は原理においてはアメリカ人であり、彼らが適切と考えるように自らを統治したり、統治し損ねたりさせておきたい」(LDH ii 303）と述べたのは、このような意味であった。ヒュームは独立宣言の直後に亡くなったが、もし長生きしていたら、イギリス国家がアメリカを放っておかなかったことにも、イギリスの最終的な敗北にも驚かなかったことだろう。

第四章　宗　教

ヒュームは、キリスト教宗教の約束や安心感を感情的に必要としなかった点で、同時代の人々の中でもきわめて珍しい存在であった。宗教に関しては、政治に関してそうであった以上に、ヒュームは傍観者であり、積極的に擁護しようとする姿勢を持たなかった。ヒュームの書簡から明らかなように、このように距離を置いた視点から見ると、宗教や宗教家はしばしば馬鹿げたものに思えるのである。ヒュームは、機会あるごとに敬虔さや信心深さをなげ捨てて冗談を飛ばすことも控えようとしなかったようである。しかし同時にヒュームは宗教に魅了され、それについて多くの著作を残している。ヒュームはキリスト教の福音書のような聖典によって啓示された教えを信じることと、理性によってすべての人間が知ることができるとされる「自然」宗教を信じることとの、両方の合理的根拠を吟味したのである。こうした吟味の懐疑的帰結は、宗教が遍在的であることから、宗教的信念の人間本性における源泉を見出すことで補完される必要があった。ヒュームは著作の多くの箇所で、宗教が道徳や政治に及ぼす（通常は有害な）影響を考察している。しかし、ヒュームが宗教に関する著作がどのような実際的な結果をもたらすことを期待したかは、明らかではない。

ヒューム初期の著作における宗教について

当初、ヒュームは『人間本性論』の懐疑論をそのまま宗教哲学の問題に適用することを意図していた。その後、ヒュームは考えを改めた。一七三七年に送られた書簡で、ヒュームは「現在、私の作品を去勢しています、つまりそのより高貴な部分を切り取っています。つまりできるだけ不快感を与えないように努めているのです」(LDH i 25) と明かしている。問題の部分の一つは、「奇跡に関するいくつかの推論」であり、この部分は後に『人間知性研究』に入れられた。第二章にある悪に関する断片も、もともとは『人間本性論』に含められる予定であった可能性がある。出版されたテキストでは宗教はほとんど言及されていないが、ヒュームの議論の宗教的含意は明確であると同時に、信者にとっては不安になるような箇所もある。その好例が、第一巻における「存在し始めるものはすべて、存在の原因を持たねばならない」という一般的な哲学的原理の検証である (T 78)。この原理は、創造主である神の必然的存在を論証する上で不可欠な前提であったが、ヒュームによれば、それが真であることを証明できる論証的議論は存在しないのである。ヒュームはまた、非物質的な魂という考え方の整合性を疑い、「有名な無神論者」スピノザの唯物論と同様に説得的ではないと主張した (T 241)。

第一章で見たように、『人間本性論』の全体的な趣旨は、形而上学的な問題から、日常生活に関する経験的な問題へと探求の方向を変えることであった。しかし、『人間本性論』から一七四〇年代にヒュームが執筆したエッセイに読み進んだ読者は、一八世紀のほとんどの人々にとって人間存在の最も重要な側面である宗教について、明白に肯定的な取り扱いを求めることは無駄であっただろう。それらのエッセイに登場する宗教に関する言及のほとんどは、批判的な論調である。ヒュームが「人間本性の尊厳と卑しさについて」の中で、自分は「人間を好ましく思う傾向のある人々の感情は、人間本性を悪く考える反対の原理よりも徳にとってより有利である、という意見である」(EMPL 81)と述べたことには、スコットランドのようなカルヴァン派の国で広く共有さ

図7　アラン・ラムジーによるヒュームの油絵の肖像画、1766年

れた考え方に対する敵意が含意されていたのである。ヒュームは「迷信と熱狂について」というエッセイで、カトリシズムと思われるものとプロテスタントと思われるものの二種類の偽の宗教を特定し、そしてそのどちらの例でもない真の宗教の性質については曖昧なままにしている。

未知のものに対する迷信的な恐怖は、「儀式、祭式、難行苦行、犠牲、贈り物、あるいは愚かさや軽薄さが、盲目で恐怖におののく信心深さに推奨するあらゆる慣習」（EMPL 74）に信頼を置く性質を生み出す、とヒュームはそのエッセイで論じている。一方、神の恩恵を直接受けることができるという熱狂者は、天からの霊感によってもたらされるとされる導きを重んじて、理性や道徳を捨て、狂乱状態に陥るのである。ヒュームは、この二つの宗教の堕落が、それぞれ異なる、相反する政治的帰結をもたらすことを指摘する。迷信が聖職者の支配を生む一方で、熱狂の精神は、個人の良心を信頼し寛容の主張を推進する限り、自由の精神である。しかし、ヒュームは「党派一般について」という論文で、カトリック以外の国でも、宗教の違いは「利害からの党派」の自然な対立が、「原理からの党派」のはるかに複雑で、はるかに危険な対立に変わるプロセスにとって決定的であると述べている。

さらにより敵対的な論述は、「国民的性格について」というエッセイの中の聖職者の職に関する脚注である。ヒュームはそこで、宗教への傾倒がその職業を支えるに十分な程度と一貫性を持っている人はほとんどいない——あるいは皆無である——と主張している。したがって、聖職者は常に自分の自然な傾向と戦い、献身的で熱心な外見を「継続的なしかめっ面と偽善」によってのみ維持する（EMPL 200）。さらに、聖職者の間では野心、プライド、恨み、復讐心といった悪徳が燃え上がる傾向があるので、どの政府も彼らの策略に対して常に警戒するのが賢明である。このことは、聖職者が高潔であることが不可能であることを意味するものではない。つまり人情があり、謙虚で、節度ある聖職者は、その美徳を「職業における才能にではなく、自然や反省に従う」（EMPL 201）ことに負っていると見なされた。

　ヒュームが一七四四年から四五年にかけてエディンバラで道徳哲学の教授職を得られなかったのは、無宗教であるという評判があったためである。ヒュームを候補者とすることに反対する主張は[原注19]、「普遍的懐疑論」、「完全な無神論につながる原理」、「神の存在と実在に関する誤り」を示しているとされる『人間本性論』の議論から作り出された。ヒュームは、自分の知性論がこのように非常に公的に非難された後では、自分の懐疑論が宗教的信仰に及ぼす影響について、よりオープンにすることで失うものは何もないと感じたのであろう。『人間知性研究』には、奇跡に関する章だけでなく、自然の秩序の経験から知性や神のデザインを推論する可能性を否定する章も含まれていた。つまり、宗教の真の基盤は理性ではなく、信仰であると主張したのである。その後、『道徳と政治の議論の原理に関する研究』を執筆した同時期に、ヒュームは知恵や全能といった伝統的な属性をもつ創造主なる神への信仰に合理的根拠を与える可能性についてのより長大な研究の最初の草稿を書き上げた。しかしながら、『自然宗教をめぐる対話』はヒュームの死後まで出版されることはなかった。

奇跡的キリスト教

ヒュームはラ・フレーシュで『人間本性論』を書いているときに「奇蹟について」の主要な論証を考案している。ヒュームは、証拠と蓋然性ついての最近の哲学的著作を用いて福音書に啓示された真理を立証しようとするフランスの試みを読んでいたのかもしれない。ヒュームがアントワーヌ・アルノーとピエール・ニコルによる『論理学、あるいは思考の技術』を読み、それが初期キリスト教の重要なエピソードを、証言の信頼性に関する規則が世俗の歴史上の出来事と同じように適用される歴史的出来事として扱っていることに注目したのはほぼ間違いないだろう。アルノーとニコルが示したかったのは、福音書が語る物語が本質的にありそうもないものであるにもかかわらず、福音書の証言を受け入れることが合理的であるということであった。ヒュームはある書簡で、イエズス会の司祭との会話の中で、これは正しいはずはないと思い至ったことを述べている（LDH i 361）。というのも、ヒュームは蓋然性についてまったく異なる概念を展開しており、それによれば、奇跡の話の真実に反する証拠は、当の証言の見かけ上の信頼性にかかわらず、その真実を支持する証拠と、いつもかならず少なくとも同じくらいには強いのである。

ここでの問題は、奇跡が可能かどうかという抽象的な形而上学的問題ではなかった。ヒュームが『人間本性論』で展開した形而上学に対する一般的な懐疑論は、その問いにどちらかの仕方で答えることを不可能にしていたのである。問題はむしろ、奇跡の報告であり、経験がそれを信じる理由を提供することができるかどうかである。そこで、証言一般について考察することから始めた。通常、証言を信じることを合理的にするのは、人間は通常真実を語る傾向があり、「偽りを見破られると恥を感じる」(E 112) という経験によって確立された事実である。このことは、たとえ信頼性を知るすべのない見ず知らずの人であっても、その人を信じることを支持する推定が存在するために十分である。しかし、言われたことを何でも信じることが合理的であるということにはならない。なぜなら、われわれはもちろん、人が嘘をついたり騙されたりする経験を持っているからである。われわれは、真実についての人間の一般的な経験と、証言をする人物とわれわれが聞かされる話の両方に関する状況の特殊性とを比較考察しなければならない。場合によっては、その話を信じることができないという結果になることもある。ヒュームの主張は、奇跡の物語を信じることは、その物語を語る人の見かけ上の信頼性にかかわらず、常に不合理であるということであった。

ヒュームがこの結論に到達できたのは、まさに信念に対する懐疑的な説明、つまり、物事それ自体が持つ因果的な力に対するわれわれの無知と、慣習や習慣の産物としての信念についての説明のおかげであった。事実に関する事柄、つまり、世の中で何が起きて、何が起きうるかについての信念は、すべて経験によって形成される。言い換えれば、信念はある種の事象の組み合わせが繰り返し起こることによって形成される。だから、ある証言で報告された事実の事柄が、ほとんど観察されたことのないようなものである場合、信じる程度は最小限にとどまらざるを得ないのである。そして、まったく経験がないところでは、われわれは何を信じるべきかについていかなる観念も持たない。例えば、水が凍るのを見たことがない人が、水が固まってその上を歩けるようになったという話を信じないのは自然である。さて、奇跡とは単なる異常な出来事や、自然法則の不完全な理解のために説明ができない出来事ではなく、自然法則に真っ向から反する出来事であると定義されている。奇跡とは神によって直接引き起こされた、自然の秩序の中断である。「したがって、あらゆる奇跡的な出来事に対して斉一的な経験がなければならず、そうでなければその出来事はその呼び名に値しない」（E 115）とヒュームは指摘する。われわれの世界に対する経験は、奇跡的な出来事と称されるあらゆる説明の虚偽性を、一様に明確に支持しているのである。

このことは、ヒュームが奇跡は決して起こらないことを証明するためのものではないことを強調しておくことは重要である。むしろ、理性的な人々は奇跡の報告に直面したとき、常にその報告を信じられないと感じることを示すためのものであった。なぜなら、彼らの世界に関するすべての経験はそれに反するものであり、（ヒュームが『人間本性論』で示したように）彼らには何を信じるかを決める根拠は、経験以外のものではないからである。原理的には、あらゆる奇跡的な出来事に対する斉一的な経験が、問題となっている証言を提供した特定の人物の信頼性を支持する斉一的な経験によって打ち消されることは可能である。その場合、理性的な人は何を信じていいのかわからなくなり、判断を完全に停止することになる。しかしヒュームは続けて、奇跡の報告が真実らしい可能性と虚偽である可能性とが同じであるようなケースは実際には存在しないと主張する。実際、報告が本質的に信じられないものであることを差し置いても、奇跡の報告者の真実性や誠実さを疑う理由は常にあるのである。

ヒュームによれば、奇跡に関するいかなる説明も、その説明が虚偽であると信じるのが理屈に合わないほど教養があり、正直で、利害関係のない多数の証人によって裏付けられてはいない。それに人は、聴衆に驚きや不思議を引き出すような話をしたがるという事実と、人は驚いたり不思議がられたりするのが好きだという事実と、話をする人は聴衆についてそのことを知っているという事実とがある。さらに奇跡の報告は、ヒュームが言うように「無知で野蛮な国々の間に」特に多く、そのような報告が文明人の間に広まっている場合、それが「無知で野蛮な祖先」（E 119）によって伝えられたことが判明することは確かに重要であろう。そして最後に、ある特定の宗教の土台としてとらえられた奇跡の報告はすべて、他の宗教の土台としてとらえられた奇跡の報告と直接的に矛盾していることに注目すべきである。少なくともこれは、すべての一神教が当然主張する、一つの宗教だけが真実であるという想定においてそうなのである。

ヒュームの結論は、福音書がキリストの奇跡の実在性、ひいてはキリストの救済のメッセージの真実性を証明する歴史的証拠を提供すると考えるのは間違いであるということである。ヒュームは「われわれの最も神聖な宗教は、理性ではなく、信仰に基礎を置いている」(E 130)と宣言している。キリスト教の信仰はそれ自体が奇跡であり、神自身によってのみなされ得る理性の転覆である。ヒュームが、読者がこの言葉を、信仰を受け入れるために理性を抑制するよう勧めるものとして、どれほど真剣に受け止めていたかは定かではない。「奇跡について」は、キリスト教全体が、フランソワーズ・パリの墓の治癒能力やヴェスパシアヌス帝の唾液の話と同じような迷信的妄想であることを示唆すると、ほとんどの読者が受け取るであろうことを、ヒュームは確かに知っていたのである。

実験的神学

一八世紀初頭には、聖書を文字どおり真理とすることに対する懐疑と、イエス・キリストについて聞いたことがあるかないかにかかわらず、すべての人間が知り得るという意味で「自然」である理性の宗教の可能性への確信とが結びついていたことは珍しくはなかった。過去において自然宗教はア・プリオリな推論――例えば、すべての存在の始まりは原因を持たなければならないという原則に基づく――の産物と理解されていたが、ハーヴェイ、ボイル、ニュートンの時代における「実験哲学」の成功は、科学がそれ自体で宇宙の知的創造者を信じる決定的な理由を与えてくれると考える人々を勇気づけていた。一七四八年に、スコットランドの数学者コリン・マクローリンは、「神の存在に対する明白な論拠は、誰にでも明らかであり抗い難い確信をもたらすものであるが、それは宇宙のすべての部分で見られる、物事の明白な考案と互いの適合性に由来する」原注20と主張した。これは、自然のいたるところに見られる、目的に対する手段の明らかな適応からの論証である。宇宙はその規模は無限大であるのに人間が作ったもののように見える。したがって宇宙を創造者は、人間の心の知性に類比的な、しかしまたそれよりも無限に偉大な、知性を持っていたと想定するのはもっともなことだと思われた。

問題は、ヒュームが書簡で述べたように、この信じるという性質が「雲の中に自分の姿を、月の中に自分の顔を、無生物の中にさえ自分の情熱や感情を見出そうとする傾向とは幾分異なる」（LDH i 155）のかどうかであった。デザインの議論は、まだ正式な表現を与えられてはいなかった。ヒュームは『自然宗教をめぐる対話』として出版された原稿の中で、三人の登場人物の間でこの議論を展開し、一人はできるだけ明確に説得力のある形で述べようとし、他の二人はそれを論証的批判の対象にしている。論証の擁護者であるクレアンテスは「几帳面な哲学的気質」（DNH 30）を持つものとして描かれる。批判者の一人デメアは、「確固としてぶれない正統派」の観点から、つまり宗教改革以来スコットランドに浸透していたカルヴァン主義の観点から、この議論を攻撃する。そうしたカルヴァン主義は、実験的宗教の蓋然性論よりもアプリオリな議論の確実性を好んだが、最終的には人間の「無能と不幸の自覚」(DNH 95)に信頼を置いていたのである。もう一人の批評家フィロは、その懐疑論において「勇み足」であると言われている。つまり、フィロは特に擁護すべき主義主張を持たず、議論の行き着く先にのみ関心を抱いているのである。多くの読者は、フィロがヒューム自身の代弁者であると考える。これから見るように、そうした仮定にはまったく問題がないわけではない。

三人の参加者は冒頭で、論点は神の存在ではなく、神の性質であることに同意している。つまり、宇宙にはその創造と時間を通しての保存をもたらしている原因があることを認めているのだ。しかし、その原因について何をどのように知ることができるかについては、意見が分かれる。クレアンテスの立場は、経験——日常的な経験と科学的探究の結果とを組み合わせたもの——は、彼の言葉を借りれば、世界が「一つの大きな機械に過ぎず、無限の小さな機械に細分化され、その細分化は人間の感覚や能力が追跡し説明できる程度を超えている」(DNH 45)ことを明白に教えてくれるというものである。例えば、われわれの脚は、歩いたり登ったりするために完璧に設計されている。目の各部分は、視覚を可能にするために設計されている。生理的機能と情動の両方において、また「生殖の前と後の人生の全過程」において、それぞれの種の雄と雌は、ともにその種の繁殖のために意図されているように見えるのである。われわれはどこを見ても、秩序、つり合い、そしてより大きな全体の目的に役立つ部分の配置を見ることができる。自然界の作品と人間の芸術作品の類似性は自明であり、否定できないとクレアンテスは主張する。そして「これらの原因の類似性を示し、万物の起源が神の目的と意図に由来することを確認するために、さらに何が必要であろうか」(DNH 54) と問いかける。

デメアは、この議論は「神性の愛すべき神秘性」(DNH 47) を放棄していると反論している。彼によれば、神がその存在において確かであり、その知恵と正義において知りえないものであることは、宗教の本質である。フィロもまた、クレアンテスの「擬人化」と呼ばれるものに異議を唱えている。宇宙についてわれわれが知っていることをより注意深く評価すれば、自然と人間が作り出した作品との間の類似性は、クレアンテスが主張するよりもはるかにずっと弱いことがわかる。クレアンテスは経験を神の属性に関する知識の基礎にしようとする。だが神学的議論の目的からすると残念なことに、宇宙の原因について確実な推測をするには、われわれの経験はあまりにも限られている。われわれは宇宙の一部分しか知らない。他の部分には、人間の知性とはまったく異なる動作原理があるかもしれず、神の本性が知られるのは、それらの未知の原理の一つかそのほかものによってである可能性がある。われわれが宇宙の一部分をどれだけよく知っていても、それはその今を知っているに過ぎず、その「胚の状態」がどうであったかや、あるいはそれがどのようなものに発展していくのかは知らないのである。実験科学における因果関係の信頼できる仮説は、類似の原因と類似の結果の組合せの観察の量に依存するが、しかし明らかに、誰も宇宙の生成を観察したことはない。

フィロは続けて、伝統的な神の属性はどれも実験的な手段では立証できないと主張する。われわれがこの世で出会うものはすべて有限であり、したがってクレアンテスの推論方法が神の無限性を示すことができるという主張は放棄しなければならないのである。世界には完全でないように見えることがたくさんある。たとえ、それが事物の表面的な見方に過ぎず、欠点に見えるもの（例えば、身体の痛み）が実際には完全なものの側面であることを認めるとしても、われわれの知らない欠点が存在するかもしれず、またこのような仕方では説明しきれない欠点が存在するかもしれないのである。仮に世界が全面的に完全であったとしても、その完全さが作り手の完全さによるものだと言い切れるのだろうか。この宇宙体系が生み出される前、永遠の期間に多くの世界が、ぶざまな継ぎはぎやしくじりであったのかもしれない。多くの労働が失われ、多くの無益な試練が行われたのかもしれない。そして、世界創造の技において、無限の時代の間、ゆっくりと、しかし絶え間なく改善が続いてきたのかもしれないのである」(DNH 69)。また神の統一性を示す確固たる証拠も存在しない。一軒の家は多くの人によって作られる。なぜ宇宙は多くの神々の作品であってはならないのだろうか。あるいは、それが途方もない話だとしても、男女二人の神かもしれないのではないか？

この最後の問いは、同様の趣旨で他の問いにつながっていく。クレアンテスは、宇宙は機械のようなものだと主張する。しかし、おそらくそれは誤った類比である。おそらく、宇宙は生物、動物、植物に例えるのがより適切である。生命と運動の原理が内在し、物質が絶えず規則正しく循環し、損傷が修復され、各部分が絶え間なく自らを保つために働き、それによって全体が保たれている組織体のようだと言ってもよいかもしれない。したがって、その産出の仕方は、家や機織り機よりも生物に近いと思われる。対話が進むにつれてフィロは宇宙には様々な説明の可能性があり、それぞれがクレアンテスが始めた仮説と同じくらい経験的に妥当であることを示すことを意図して、このテーマについて一連のますます奇妙な議論のバリエーションを生み出していく。フィロは、「われわれには宇宙論の体系を確立するためのデータがなく、われわれの経験は、それ自体不完全であり、範囲も期間も限られているため、物事の全体像について確度の高い推測を行うことはできない」(DNH 79) というのが到達可能な唯一の結論であると言う。宇宙の原因の性質について考えるとき、合理的な行動は、全面的な判断停止である。フィロはこの懐疑論の勝利を、デメアが支持する伝統的な神の存在のア・プリオリな証明の破壊へと進め、次いで自然的か道徳的かを問わず、悪の存在を正当化しようとするすべての試みへの攻撃へと発展させるのである。

対話篇の最後の部分で、フィロが純粋に懐疑的な立場から一歩退いているように見えるのは、多くの読者を困惑させるものである。彼はクレアンテスに、自分ほど宗教を深く理解している者はいないと語っている。「[神の] 目的や意図や計画は、どこにおいても、もっとも不注意な人にも、もっとも愚かな思索者にも明らかです。これをどんなときも拒否する程に不合理な体系に固執することは、誰にもできません」(DNH 116) と述べている。『人間本性論』第一巻の終わりと同様に、ここでは判断の完全な停止は不可能であるように思われる。特別な努力をすれば、ある時は懐疑的になれるかもしれないが、それ以外の時には、信じるという自然な傾向が再び現れるのである。このことは、ヒュームが、自然宗教に対する懐疑は、例えば外界の存在に対する懐疑と同様に、人為的であり、究極的には支持できないと考えていることを意味しているのだろうか。あるいはヒュームはここで、自分の世間的立場を護ろうとするために、本文の主要部分で完全に損なわれている常識的な立場を支持するふりをしているに過ぎないのだろうか。

引き出すことのできる結論はこれだけではない。フィロが認めているのは、自然の作品があたかも知的な設計者の作品であるかのように見えるということだけかもしれない。しかし、多少の工夫をすれば、同じだけの経験的証拠のある説明的な仮説を持ち出すことは可能である。しかし私たちを取り巻く世界について考える最も自然なことは、そのすべてが、人々のはるかにより単純でより劣った技術や製造の作品においても、人間の考えや目的と類比的な考えや目的を持つ存在によって考案されたということである。有神論者は、たとえそうであっても、人間の心と神の心には計り知れない違いがあることを認め、事実それを主張する。懐疑論者の側では、自然のあらゆる部分に「一貫性と見かけの共感」があることから、それらの異なる部分に働く異なる基本原理の間に何らかの本質的な類似性がありそうなことを否定しないであろう。そしてもし懐疑論者がそうせざるを得ないように、それを認めるならば「この宇宙の秩序を最初に整え、今も維持している原理は、〔……〕自然の他の作用や、そして人間の精神と思考の経済性にも、なんらかの遠くて感じられないほどの類似性があるということがありそうだ」（DNH 120）ということを否定しないであろう。有神論者と懐疑論者の意見の相違は、宇宙の原因が人間の心から厳密にどれだけ測りがたく違っているのか、ということだけなのである。

　フィロがここで試みているのは、一方の懐疑論と他方の無神論との違いを明確にすることであろう。無神論者とは異なり、ヒュームは、私たちが経験するような世界の作為に見えるものの説明として、実質的な命題を提示しているのではないことを明確にしたいのである。ヒュームの立場は有神論と両立可能であるが、それ自体は通常の意味での有神論の一種ではない。フィロは、『対話』の最後のページで、自分の最低限度の「真の宗教」が、人生の生き方に対して何らかの含意を持つことを否定するとき、このことを強調している。クレアンテスは、「宗教は、いかに堕落していても、まったく宗教がないよりはましだ」（DNH 121）と言う。クレアンテスは特に死後の生命という考えは、道徳を支えるために必要なものだと考えている。なぜなら、現世に続く生に罰と報酬があると信じてこそ、人々が道徳的原則を守るという約束が保証されるからである。フィロ――そしてヒューム自身――は、これにはまったく同意できなかった。真の宗教の内容が実際以上に実質的であるかのように装う必要はない。ほとんどの人は、『道徳原理研究』においてヒュームが「共通の敵である悪や無秩序に対抗する人類の党」(E 275) と呼んだものへの愛着を維持するために、いかなる種類の積極的な宗教的関わりも必要としないのである。真の宗教が持ちうる以上の内容を持つと主張する宗教は、現実には、ほとんどの場合無宗教よりも悪いのである。

人間本性における宗教の起源

ヒュームが「奇跡について」と『自然宗教をめぐる対話』(図8) の両方で論じているように、宗教が理性に基礎を持たないのであれば、なぜ宗教信仰が人類史のほとんどすべての社会の特徴となっているのだろうか。この問いにヒュームは「宗教の自然史」で取り組んでいる。ヒュームがこの作品をいつ書いたかは定かではないが、一七四九年から一七五一年にかけてチャーンサイドの自宅で過ごした期間の産物であるかもしれない。この作品は一七五七年に出版され、『人間本性論』第二巻を書き直したものを含む『四論文』という作品集の一部となった。宗教が情念に由来することは『宗教の自然史』の主要なテーマであったから、これは偶然とは考えにくい。もう一つの大きなテーマは、迷信がもたらす道徳的に有害な帰結であった。

宗教の自然史は、宗教を神的啓示から直接導き出された一連の教義や実践としてではなく、単なる自然現象として考察した。ヒュームが言うように、それは宗教を人間社会が「粗野な始まりからより完全な状態へ」(DNH 135) 進歩する過程の一要素とみなしたのである。それは

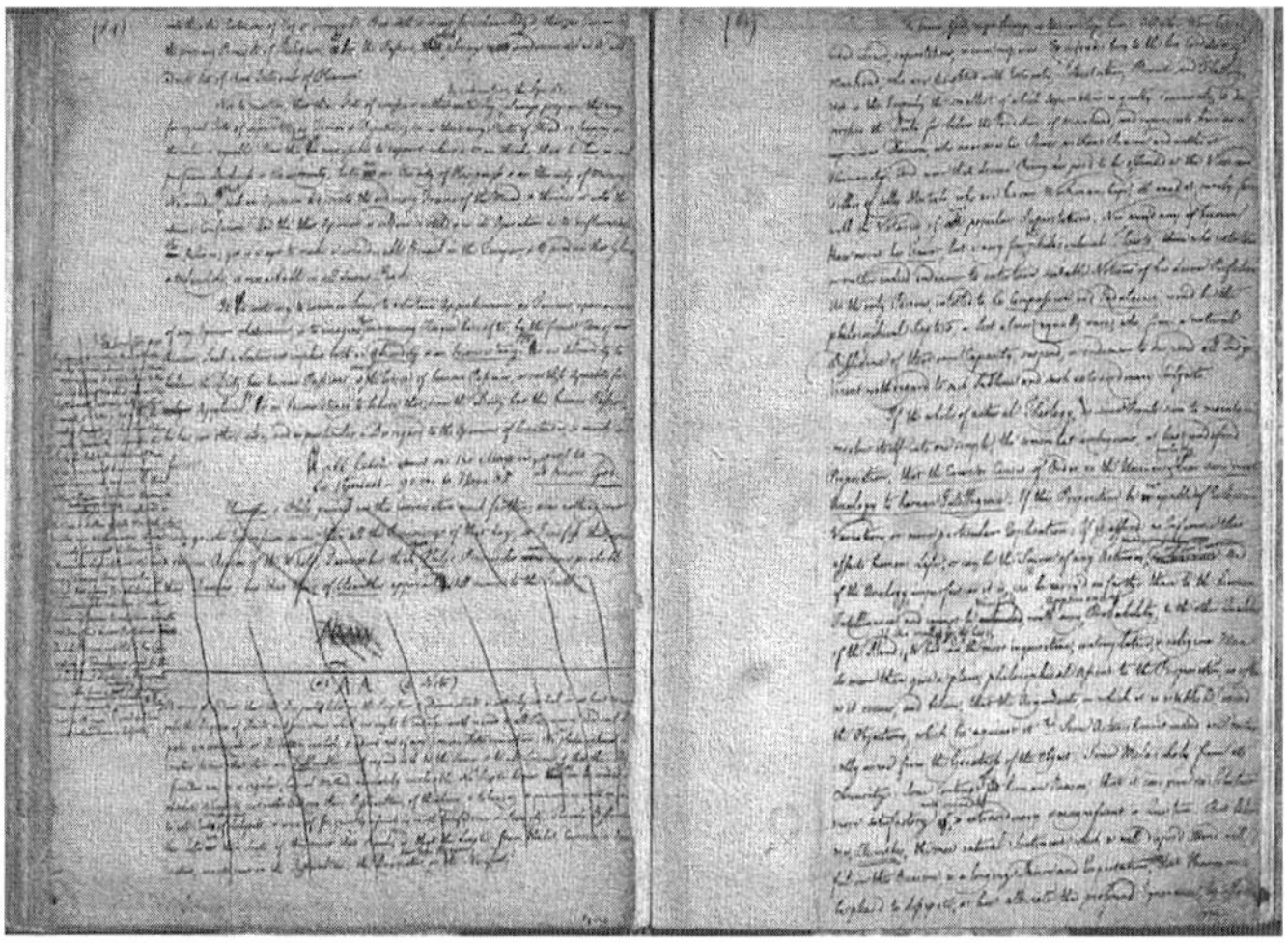

図８　『自然宗教をめぐる対話』の原稿から

宗教を文化の他の側面と同様に、人間本性の原理と初期の人類が置かれた物理的環境との相互作用の産物として描いた。「もし旅行者や歴史家が信用されるのであれば」、宗教の感情を持たない国があることや、非常に多くの異なった宗教の形態があるという事実がヒュームに、宗教は「自己愛、両性間の愛情、子孫への愛、感謝、憤慨を生じさせるような自然の原初的で主要な印象」に始まるものではないことを示唆したのである。むしろ宗教は、それらの原理の一つもしくはそれ以上の産物であり、そのようなものとして「様々な偶然や原因によって容易にゆがめられる」（DNH 134）のである。

キリスト教の擁護者も、理性の「自然」宗教の提唱者も、最古の宗教は一神教であったと仮定するのが普通であった。この見解では、異教徒の多神教はその原初的で純粋な形の宗教の堕落である。ヒュームはこの説を覆した。ヒュームは、歴史と「アメリカ、アフリカ、アジアの未開部族」(DNH 135)の慣習が示す証拠は、多神教と偶像崇拝が宗教的衝動の最初の現れであったことを示唆していると論じる。それらはおそらく、最古の人類社会の無知と不安定さに対する鋭い感覚の表れであった。宗教の最初の観念は、恐怖と、その恐怖を和らげるために何かができるという希望から生まれたものである。最も原始的な社会では、生か死か、健康か病気か、豊穣さか欠乏かは、ほぼ完全に人間の手に負えないように思われたに違いない。そのため、人々は超自然的な力に存在の浮き沈みの説明を求め、またそれらに、人生をより耐えやすくするための手段を求めた。必然的に、彼らはそれらの力が理解と力において優れているものの、その動機と満足においては自分たちとよく似ていると考えたのである。

一神教が多神教に取って代わったのは、自然宗教の主張が新たに評価された結果ではなく、むしろ人間の特性を超自然的な力に投影する傾向のさらなるあらわれである。偶像崇拝の国では、ある神が特別な礼拝と崇拝の対象として選ばれることがあった。この神は、ある特定の民族の利益に特に関心を寄せていると想像された。あるいは、他の神々よりも強力で、王が下級の統治者を支配するように、他の神々を支配すると想像された。この神を称賛やお世辞によって喜ばせようとして、信奉者たちはより印象的な称号を夢想し、その言語は神の無限性、統一性、単純性に溢れるまでになった。しかし同時に、神には人間のような情熱があり、数えきれない不条理な儀式や儀礼によって喜ばせ、なだめる必要があると信じ続けていた。この矛盾に気づかず、人々は、例えば自分の子供たちに神の好意を勝ち取る最良の方法は「幼児のうちに、皮膚を少し、ファージング銅貨の半分ほどの幅を切り取ること」だと信じたり、肩衣をまとうことが、永遠から永遠に存在する無限の存在に気に入られるための秘訣だと信じたりした(DNH 158)。

宗教を人間の情念の文脈で見ることは、それを不安定なもの、常に変化するものとして見ることであった。ヒュームは、その無限性と完全性のために、究極的には人々の理解の対象でなくなってしまうような神の観念によっては人々の欲求が長くは満たされないことは当然であると主張した。最も根源的な欲求は幸福への欲求であり、宗教を幸福達成の手段と考えるために、人間と神との間に介在するための仲介者や神に従属する代理人が発明されたのである。今度はこれらが、それ自身崇拝や礼拝の対象となり、そして聖母崇拝や聖人祭壇など、一神教が多神教に逆戻りすることになったのである。ヒュームは「宗教の原理が人間の心の中で一種の流動と還流を起こし、人間が偶像崇拝から一神教に上昇し、一神教から偶像崇拝に再び降下する傾向があることは注目に値する」(DNH 158)と述べている。ヒューム自身はこの点を指摘しなかったが、プロテスタントの宗教改革は、この観点からすれば一神教の再出現と、今度はそれに続く多神教への回帰という無限のサイクルの一つのエピソードとして見ることができるのは明らかであった。

多神教は常に不条理だが、少なくとも宗教的信念と実践の多様性には概して寛容である。多神教は人の心に軽く受け入れられ、狂信や暴力の原因になることはめったにない。対照的に、一神教はヒュームによれば、本質的に非寛容である。歴史は、単一の嫉妬深い神への固執がもたらす血なまぐさい結果に満ちている。これらの結果は、かつて異教徒の宗教が要求した人身御供よりも衝撃的である。生贄が無作為に選ばれたのに対し、ローマ・カトリックの異端審問を最も憤慨させたのは、特に徳、知識、自由への愛であった。その結果、異端審問に見舞われた国々は、「最も恥ずべき無知、腐敗、そして従属」の状態に置かれた。プロテスタントの国々では事情が異なり、特にオランダ共和国とイギリスは異論に対する寛容さが際立っていた。しかしヒュームは、このような寛容さは、常に聖職者の狭量で宗派的な感情に対抗して働いた政治家の努力の結果であったと主張している。

さらに多神教は、その有限で、過ちを犯す神々によって、人間がそれらの神々に倣うことができると考えるよう促す――「ここから活動、精神、勇気、寛大さ、自由への愛、そして民を高めるすべての徳が生じる」(DNH 163-4)。一神教に触発された徳は非常に異なっている。怪物との戦い、暴君への抵抗、全力を尽くしての祖国防衛の代わりに、ヒュームが『道徳原理研究』でこき下ろした「僧侶的徳」が存在するのである。一神教の道徳は「鞭打ちと断食、臆病と謙遜、屈従と奴隷的服従」の道徳である(DNH 164)。それは精神を消耗させ、人格を堕落させる。神が信者に最も望んでいるのは自然で本能的なことではなく、人間の性向に最も激しく反することではないかという疑念によって、情緒の腐敗は避けがたいものとなる。このことは、宗教の熱心さや厳しさが、その人の善良な道徳的性格を示す信頼できるしるしとはとても言い難いという一般的な意見を説明する。また、宗教は人を幸せにするどころか、不安や恐怖、自己嫌悪を生み出すという事実も説明するのである。

ヒュームは『宗教の自然史』をあえてスコットランド教会の「穏健派」の友人たちが、宗教界の伝統主義者から強い圧力を受けていた時に出版した。特に「正統派」の怒りを買っていたのは、『ダグラス』という無韻詩の悲劇の成功であった。それは牧師によって書かれただけではなく、エディンバラとその周辺の町や村の多くの牧師が夢中になって、日曜日にさえ参加した。同時に、ヒュームを教会から追放しようとする動きがあったが、これはおそらく、ヒュームの友人たちを挑発してヒュームを擁護させるためであったろう（実際に友人たちはヒュームを擁護し、その運動は失敗した）。ヒュームの対応は、反感を買った戯曲の作者ジョン・ヒュームに惜しみない献辞をつけて『四論文』を出版することだった。さらに『自然史』に、劇場が「地獄の玄関」であるという考えをあざけり、スコットランドの伝統主義者が今だに熱心に説いていた宿命の教義を、近代宗教の不道徳さの典型例として取り上げた長い脚注を付け加えた。脚注のほとんどをスコットランドの作家アンドリュー・ラムジーの引用が占めていることで、この正統派に対する攻撃の辛辣さが増している。ラムジー自身は、ヒュームのあいまいな言葉では、「正統派であろうとする立派な志を持っていたので、自由思想家が最も躊躇する教義、三位一体、受肉、贖いにさえ、彼の理性は決して困難を見いださなかった」(DNH 191) という。ラムジーに宿命への異を唱えさせたのは、端的にいえば彼の「人間愛」であった。

宗教の未来

『イングランド史』を書き上げた後、ヒュームは次に何をすべきかを迷っていた。『自然宗教をめぐる対話』を出版することも考えたが、友人たちの説得で思いとどまった。彼らはおそらく、スコットランド教会の伝統主義者たちとこれ以上揉めたくなかったのだろう。もう一つの可能性は、『歴史』を一八世紀、おそらくジョージ一世即位の話まで書き進めることであった。そのためには、貴族の公文書館に保管されている私文書を入手する必要があり、ヒュームはそのようものを手に入れることが許されるかどうか確信が持てなかった。そんな折、駐仏英国大使の書記官の話が入り、ヒュームは喜んで引き受けた。ヒュームは一七六三年から一七六六年までパリに滞在した。そこでヒュームは、フランス啓蒙主義の多くの男女の名士たちと知り合ったが、彼らのほとんどは、知的にはヒュームの好みには合わないことがわかった。彼らは熱狂的で、暴力的でさえある意見を持っていたが、ヒュームは冷静で距離を置いていた。エドワード・ギボンは、ドルバック、ラ・メトリとその友人たちが、「ヒュームの懐疑論を笑い、教条主義者のように無神論の教義を頑固に説き、すべての信者を嘲笑と軽蔑をもって罵った」原注21様子を詳しく語っている。

フランスの哲学者たちにとって、宗教は依然として理性と自由の進歩の強力な敵であった。ディドロとダランベールによって構想された啓蒙主義の偉大な手段である百科全書は、一七五九年に出版が禁止され、教会の禁書目録に載せられていた。ルソーの『エミール』と『社会契約論』は、一七六二年にパリ高等法院で断罪された。現在、一八世紀フランス思想の代表作とされるものの多くは、フランス国外で密かに出版されるか、あるいはまったく出版されなかったのである。ヒュームから見ると、イギリスの状況はまったく異なっていた。迷信の時代の何世紀にもわたって、イギリスもまた政治に影響を与えようとするローマ教皇や司教の過大な圧力にさらされてきた。しかし、一七世紀になると、イギリスは大きな爆発的な熱狂を経験する。ヒュームは『イングランド史』の中で、迷信と熱狂の両方の宗教の行き過ぎがもたらした暴力的で残酷な結果について詳しく述べている。ヒュームはまた、一六三〇年代と一六四〇年代の下院のピューリタン勢力の側での宗教的変化に対するしばしば奇妙で常に極端な欲求が一六八八年の革命の種を含んでいたことを、意図せず予期もしない結果の壮大な例として描いている。しかし、このような過程を経て、イングランドの宗教的熱情は、ほとんど何も残らないところにまで燃え尽きた。一七五二年にヒュームはエッセイ「国民的性格について」に、イギリス人は「今や世界のどの国にも見出される中でも、宗教的問題に関して最も冷静な無関心に落ち着いている」（EMPL 206）と主張する一節を書き加えている。

この主張が正しいことを示す証拠は、一七六〇年代後半にロンドンで起こった「ウィルクスと自由」暴動が与えている。ヒュームは、ウィルクスとその支持者の暴徒にかかわるものすべてを嫌っていたが、宗教——日常的な反カトリック主義を除けば——がこれらの騒乱にまったく関与しなかったことは認めざるを得なかった。ウィルクスもその支持者も、クロムウェルやニューモデル軍の信奉者のように、自分たちの主義の正義の神的保証の霊感を受けているとは主張しなかったのである。実際、ウィルクスは自由主義者か、ひょっとすると無神論者であるという評判さえあった。

ヒュームは、一七四一年に発表したイギリスの統治形態の将来についてのエッセイの中で、学問と自由の進展による世論の急変を発見している。「この島ではほとんどの人々が、名声や権威に対する迷信的な敬意をすべて捨て去った。聖職者はその信用を大きく失い、その威信と教義は嘲笑され、宗教さえもこの世で維持されることはほとんどできない」（EMPL 51）とヒュームは主張した。もちろん、イギリス人が突然不信心になったわけではなかった。しかし、彼らはもはや宗教的な問題で争うつもりはなく、教義や実践における比較的大きな多様性を容認するつもりになっていたのである。ヴォルテールは、ロンドン証券取引所にいるキリスト教徒、ユダヤ教徒、イスラム教徒が金儲けという宗教に没頭し、不信心者の名は破産者にだけ与えられる様子の絵画によって、この展開を説明していたのかもしれない原注22。

イングランドに比べ商業的に発展していないスコットランドでは、少なくともしばらくの間は、宗教の精神がより強かった。それゆえ、一七五〇年代にはヒュームとスコットランド教会の穏健派にトラブルが生じ、それゆえヒュームは『対話』を出版することを拒み続けたのであろう。しかし、教会がウェストミンスター信仰告白の信奉心が不十分と判断した者に民事罰を与えることができる時代はとうに過ぎていた。正統派がヒュームに与えた罰は、エディンバラの友人宅に招かれなくなるという社会的気まずさだけだった。ヒュームにとって、敵の努力が不条理以上のものに見えたことは一度もなかった。敬虔な人々が道徳的、政治的な問題に干渉しようとすればするほど、彼らは自分たちをより滑稽に見せる。カラス事件は、ヴォルテールに従って、宗教的偏狭をマナーや道徳の改善への近代の成功に対する真の脅威と見なすようにヒュームを説得する最たるものであった。

アダム・スミスは手紙の中で、ヒュームが死の床で、「教会が閉ざされ、聖職者が追い返されるのを見る楽しみ」を持つまで、三途の川の渡し守カローンに自分を三途の川から冥界に渡るのを遅らせて欲しいと冗談を言ったことを報告している原注23。この手紙が後にヒュームの短い自伝と一緒に出版されたとき、この冗談はトーンダウンされ、ヒュームは自分の望みは「迷信の有力なシステムのいくつかの没落」を目撃することだと言うことになった原注24。しかしどちらの文章でも、カローンの返事は、何かが変わるまで何百年も待たなければならないだろうというものだとヒュームは認めている。間違いなくヒュームは、組織化された宗教のない世界がどのようなものかは想像することさえ難しいと考えていた。ヒュームは『政治論説』の中の一篇で、自分自身の「完全な国家の構想」を描いているが、その中には、長老派の系統にそって組織された教会が、各郡に独立した教会裁判所とともに含まれていた――ただしそれには、民事裁判官はいかなる事件も教会裁判所から取り上げ、それを担当する長老たちを裁いたり、停止したりすることができるという規定が付けられていた（EMPL 520 参照）。

「宗教の自然史」の意味するところは、宗教は人間の最も基本的な情念と深く結びついており、たとえそれが人間本性の主要な原理から生じていないとしても、人類の考えうるあらゆる未来において、何らかの形で顕在化することが予想されるということであった。ヒュームは、「奇跡について」や『対話』の懐疑的な議論が、不安を鎮め、希望に説得力を持たせるために迷信の体系を作り上げる人間の一般的な傾向に大きな影響を与えるとは考えなかったようである。結局のところ、彼の人間本性の説明では、理性は「情念の奴隷」に過ぎず、「情念に奉仕し従うこと以外のいかなる役割も果たすことはできない」（T 415）のである。現実的に期待できるのはせいぜい、政治的安定と物質的繁栄の進展に伴い、宗教的感情の強度が減退し続け、道徳的・政治的に有害な影響を与えることが少なくなることであった。

あとがき

一七六二年に完全な形で出版された『イングランド史』は、ある意味でヒュームの作家としてのキャリアの終焉を告げるものであった。その後の数年間、ヒュームはわずかな雑文を書いただけである。その中で最も長いものは、パリ時代の終わりにジャン-ジャック・ルソーとの友情が劇的に悪化したことを、ルソーが自分の側の言い分を発表するのに先んずるために書いた自己弁護のための説明（フランス語）であった原注25。理由は定かではないが、ヒュームはこの喧嘩を「私の人生の全過程において、私が携わった最も重大な事件」（LDH ii 54）と見なした。この喧嘩の後ヒュームは公職に復帰し、今度は北方領土担当の国務次官として北欧での政府事業を担当した。しかし、ロンドンで二年過ごした後、彼はエディンバラに戻り、最近開発されたばかりの新市街に豪邸を建てた。ヒュームは『歴史』の成功と、軍や政府の様々な役職に付けられた年金のおかげで今や大金持ちであった。しかし一七七五年の春、彼は腸の病気で重病になり、苦痛に満ちた衰弱に驚くべき平静さで耐えた後、一七七六年八月に亡くなった。

しかし別の意味では、『イングランド史』の出版はヒュームの文筆のキャリアの終わりにはほど遠かった。ヒュームは自著を執拗に読み返し、新版を出すたびに、大きな、また非常に小さな変更を加えた。ヒュームは出版社のウィリアム・ストラハンに「人の半生は一冊の本を書くには短すぎ、残りの半分はそれを修正するには短すぎる」(LDH ii 234, 304) と冗談を言っている。ヒューム自身に関する限り、作家としての業績は『歴史』と、ヒュームが「哲学的」と称する著作を集めた『いくつかの主題に関するエッセイと論考』の二つだけに収められた(この『エッセイと論考』には、『人間本性論』以外のヒュームの著作のほとんどすべてが収められていることを考えると、この書名の選択は奇妙なものである)。ヒュームはこの二つの著作を、できる限り正しいものにしようとした。死の二週間前に書かれたストラハンへの最後の手紙は、『道徳原理研究』に小さな変更を加えることを求めるものであった。

ヒュームが最後に書いたのは、将来出版される著作の前書きに添えられるはずの短い自伝であった。「わが生涯」原注26は複雑で謎めいた文章である。その目的の一つは、「正統派」に対する最後の攻撃として、宗教的懐疑論者が穏やかで幸福な死を迎えることさえ可能であることを示すことであった。もう一つヒュームが明らかにしたかったのは、哲学、道徳、政治、歴史、宗教の分野で通説に挑戦してきたことが、著書で大金を稼ぐ妨げにならなかったことである。「わが生涯」はヒュームの経歴について非常に限定的にしか説明していないが、「非常に厳しい倹約」から「裕福」な生活へ、そして「年間一〇〇〇ポンドの収入」の「超豪華」な生活に至

図9　エネアス・マクファーソンによるカルトン・ヒルのヒュームの墓、1789年

るヒュームの歩みについては、かなり詳細に記述している。しかしそれと同じくらい印象的なのは、ヒュームが常に攻撃され、いつも誤解され、恒常的に否認され――「嫌悪さえ」されてきた――という見せかけである。これはあまりにも多くの読者が喜んで受け入れている一八世紀の文筆界におけるヒュームの立ち位置の描写である。しかし、これはせいぜい真実の半分に過ぎない。

ヒュームは「わが生涯」の中で、ウィリアム・ウォーバートン司教の周辺の一団の手による乱暴な扱いについて二度触れている。特に、リチャード・ハードの『ヒューム氏の宗教の自然史についての論評』は、「ウォーバートン派を特徴づける非寛容、傲慢、冷笑」に満ちたものであると苦言を呈している。また、アバドン派の哲学者ジェームズ・ビーティの『真理の本質と不変性についての試論』に含まれる虚偽の記述や人身攻撃についても反論することができただろう。この本の成功によって著者ビーティはオックスフォード大学の名誉学位と王からの年金を得たのである。ヒュームは、サミュエル・ジョンソンに自分が嫌われていることをよく理解していた。ジョンソンはジェームズ・ボスウェルにヒュームは虚栄心に完全に取りつかれた人間であり、死の床にあるヒュームの精神状態の報告は、嘘つきか狂人の仕事だと告げたのである原注27。「わが生涯」の問題は、ヒュームが生きている間の著作の受容は、この種のことだけであったかのように装っていることである。それが言及している唯一の肯定的な反応は、『歴史』の第一巻に対するイングランドとアイルランドの大主教たちの反応だけであり、「それは二つの奇妙な例外に思われる」とヒュームは述べている。

ヒュームの自伝で語られていないのは、ヒュームが当時の主要な知識人の間でほとんど普遍的な称賛を得たことである。スコットランド、イングランド、フランス、さらにヨーロッパ、アメリカの哲学者と歴史家がヒュームの著作に真剣に取り組んだ。ヒュームが「わが生涯」の中で言及しているように、『人間本性論』は大成功を収めたとは言えない。しかし、その後ヒュームが書いたものは多かれ少なかれ皆に読まれ、ウォーバートン、ハード、ビーティ、そしてジョンソンの反応は、代表的なものではなかった。スコットランドでは、ジョージ・キャンベル、ケイムズ卿、トマス・リード、アダム・スミス、ロバート・ウォレスらがヒュームの著作を詳細に検討している。イングランドのリチャード・プライスは「奇蹟について」に丁寧な回答を書き、ヒュームとジョサイア・タッカーは、貧しい国が豊かな国に対して持つ貿易上の比較優位について議論した。ヒュームはエドマンド・バークやエドワード・ギボンにインスピレーションを与えた。フランスの哲学者たちの間では、並外れた成功を収めた。ベンジャミン・フランクリンと友人になり、アメリカ独立戦争では両陣営の人々に読まれた。一七六七年にある友人はヒュームに、「趣味とセンスの程度がどのようなものであるとしても、あなたの著作が、これまで世に出た他のほとんどどの作家の著作にも劣らず、面白く、ためになるとみなさない人には会ったことがない」と語った原注28。

つまり、ヒュームは啓蒙のまさに中心的存在であった。このことは、ヒュームの著作が啓蒙主義の知的主流派の意見を表明することを意味していたわけではない。そうではなかった。ほとんどの場合——『国富論』のアダム・スミスを例外として——ヒュームの同時代の人々は、ヒュームに反論するために反応したのだった。しかし、ヒュームの立場からすれば、それはまさに当然のことであった。ヒュームは、弟子を得ようとか、学派を作ろうとして書いたのではなかった。それどころか、ヒュームが求めたのは、同時代の男女にとって重要なあらゆる問題についての開かれた議論であり、最高の知的水準に則って、しかも礼節と寛大さと大いなるユーモアをもって行われる討議であった。ヒュームとその同時代の人々が、そのような討議が可能な言説空間を作ろうとしたことが、啓蒙とは何かの最善の定義を与えるかもしれない。それはまた、なぜ啓蒙主義がいまなお重要なのかという問いへの最善の答えでもあるだろう。

原　注

第一章　人間本性

原注1　「人間本性を吟味する人々」：Bernard Mandeville, *The Fable of the Bees*, ed. F. B. Kaye, 2 vols (Oxford University Press, 1924), vol. i, pp. 3-4.

原注2　「自分自身を理解する人々がほとんどいない大きな理由の一つ」：Mandeville, *Fable*, ed. Kaye, vol. i, p. 39.

原注3　「ホッブズが誇りを描いた」：Thomas Hobbes, *Leviathan*, ed. Richard Tuck, revised student edition (Cambridge University Press, 1996), p. 88.

原注4　「サミュエル・ジョンソンが述べているように」：Samuel Johnson, *A Dictionary of the English Language* (London, 1755), 'Moral'.

原注5　「短い「梗概」もしくは要約」：ヒューム『人間本性論摘要』（一七四〇）。

原注6　「運動法則と同じほど正確な探求が可能である」：「情念についての論考」in Hume, *Four Dissertations* (Edinburgh, 1757), p. 181.

第二章　道　徳

原注7　「ハチスンの就任講演」：Francis Hutcheson, 'On the Natural Sociability of Man', in *Logic, Metaphysics, and the Natural Sociability of Mankind*, trans. James Moore and Michael Silverthorne (Liberty Fund, 2006), pp. 93-4.

原注8　「書斎や図書館から哲学を持ち出した」：*The Spectator*, ed. Donald F. Bond, 4 vol. (Oxford University Press, 1965), vol. i, p. 44.

原注9　「世界の半分を構成する」：*Spectator*, ed. Bond, vol. i, p. 21.

原注10　「女性の徳」、「自己否定をしない」：Adam Smith, *Theory of Moral Sentiment* (D. D. Raphael and Alan Macfie, Oxford University Press, 1976), pp. 190–91.

原注11　「ヒュームは一度ならず、『研究』がお気に入りだと公言している」：Hume, *Letters*, ed. Greig, vol. i, p. 227; 'My Own Life', ed. Gordon Brown, pp. 95-6.

原注12　「初期手稿断片（アーリー・メモランダ）」：M. A. Stewart, 'An Early Fragment on Evil', M. A. Stewart and J. P. Wright (eds), *Hume and Hume's Connexions* (Pennsylvania University Press, 1995), pp. 160–70.

原注13　「テュルゴーは講義を行った」：'A Philosophical Review of the Successive Stages of the Human Mind', in Turgot on Progress, Sociology and Economics, trans. and ed. Ronald L. Meek (Cambridge University Press, 1973).

第三章　政治学

原注14　「ヒュームが最初の政治批評家であるとスミスならば言っただろう」：Adam Smith, *The Wealth of Nations*, ed. R. H. Campbell, A. S. Skinner, and W. B. Todd (Oxford University Press, 1976), p. 412.

原注15　「初版で成功した私の唯一の本」：Hume, *My Own Life*, ed.Gordon Brown, p. 95.

原注16　「モンテスキューのように主張するのはナンセンスである」：Baron de Montesquieu, *The Spirit of the Laws*, trans. Anne Cohler, Basia Miller, and Harold Oldmixon (Cambridge University Press, 1989), pp. 165–6.

原注17　「ヴォルテールは指摘していた」：Voltaire, *Letters concerning the English Nation*, ed. Nicholas Cronk (Oxford World's Classics, 2009), pp. 110–11.

原注18　「モンテスキューも同じ結論に達していた」：*Spirit of the Laws*, trans. and ed. Cohler et al., p. 333.

第四章　宗　教

原注19　「ヒュームを候補者とすることに反対する主張」はヒューム『一紳士からエディンバラの友人への手

紙』（エディンバラ、一七四五年）に要約されている。

原注20　「一七四八年、コリン・マクローリンは主張した」：Colin Maclaurin, *An Account of Sir Isaac Newton's Discoveries* (London, 1748), p. 381.

原注21　「エドワード・ギボンはドルバックの議論を回想した」：Edward Gibbon, *Memoirs of my Life*, ed. Betty Radice (Penguin, 1984), p. 136.

原注22　「ヴォルテールには説明があったかもしれない」：Voltaire, Letters concerning the English Nation, ed. Cronk, p. 30.

原注23　「アダム・スミスが手紙で報告したこと」：*The Correspondence of Adam Smith*, ed.Ernest Campbell Mossner and Ian Simpson Ross (Oxford University Press, 1977), p. 163.

原注24　「冗談がトーンダウンした」：the 'Letter from Adam Smith, LL. D. to William Strahan, Esq.' is often printed with 'My Own Life', e.g. EMPL xliii–xlix, HE i xxxv–xl.

あとがき

原注25　「自己弁護の説明」：*Exposé Succinct de la Contestation qui s'est Rousseau entre M. Hume et M. Rousseau, Avec les Piéces Justificatives* (London, 1766).

原注26　「わが生涯」：ヒュームの著作の多くの版、例えばDNH 3–10, EMPL xxxi–xli, HE i xvii–xxxiv, LDH i 1–7に再録されているが、特にHume, *My Own Life*, ed. Gordon Brown (2nd edn, Royal Society of Edinburgh, 2017), pp. 77–92 (a facsimile of the manuscript) and 93–9 (a transcription of the manuscript).

原注27　「ジェームズ・ボズウェルに言った人」：James Boswell, *The Life of Samuel Johnson*, ed. David Womersley (Penguin, 2008), pp. 234, 314–15.

原注28　「一七六七年、ある友人がヒュームに言った」：James A. Harris, Hume：*An Intellectual Biography* (Cambridge University Press, 2015), pp. 472, 574 n. 62. p. 112.

読書案内

ヒューム著作集

『イングランド史』を含むヒュームが出版した全著作の信頼できるテキストは、ヒューム・テキスト・オンラインのウェブサイト〈www.davidhume.org〉で自由に入手できる。『人間本性論』の最良の版は、一八八八年にL・A・セルビー゠ビッグによるもので、ピーター・ニディッチによって改訂され、一九七八年にオックスフォード大学出版局から出版された。この版は、セルビー゠ビッグの『人間知性研究』と『道徳原理研究』の合本（ニディッチによって再度改訂された）（オックスフォード大学出版局、一九七五年）と同様、現在も出版されている。『人間知性研究』については、ピーター・ミリカンによるオックスフォード・ワールド・クラシックス・シリーズ（二〇〇八年）など、最近もいくつかの版が出版されている。また、『自然宗教をめぐる対話』（*Dialogues concerning Natural Religion*）には、J. C. A. Gaskin による Oxford World's Classics シリーズ（一九九三年）をはじめ、いくつかの最新版がある。今のところ、ヒュームの『道徳的・政治的・文学的論考』の最も便利な版は、リバティ・ファンドから出版されている（ユージン・F・ミラー編、一九八七年）。リバティ・ファンドは、一九世紀以降の『イングランド史』全六巻（ウィリアム・B・トッド序文、一九八三年）を出版している唯一の出版社でもある。オックスフォード大学出版局は現在、『イングランド史』を含むヒュームの全著作の新しい学術版を出版中である。これまでに出版された巻の詳細については、オックスフォード大学出版局のウェブサイト〈www.oup.com〉の「クラレンドン・ヒューム・シリーズ」のページを参照されたい。ヒュームの書簡の現代版はまだ出版されていないが、オックスフォード大学出版局は J. Y. T. Greig の一九三二年の *The Letters of David Hume* と Raymond Klibansky and Ernest C. Mossner による一九五四年の *New Letters of David Hume* の刊行を続けている。

ヒュームの生涯

ヒュームの手稿の写真と完全な解説を完備した「私自身の生涯」の最善の版は、イアン・ゴードン・ブラウンによるものである（第二次改訂増補版、エディンバラ王立協会、二〇一七年）。ジョン・ロバートソンがオックスフォード国名辞典に掲載したヒュームに関する論文は、ヒュームの生涯について信頼できる簡潔な記述である。標準的な伝記は、依然としてアーネスト・キャンベル・モスナー『デイヴィッド・ヒュームの生涯』改訂版（オックスフォード大学出版局、一九八〇年）である。モスナーの焦点はヒュームという人物であり、彼の思想ではない。唯一の知的伝記はジェームズ・A・ハリス『ヒューム』(Hume: An Intellectual Biography)（ケンブリッジ大学出版局、二〇一五年）である。

人間本性

Annette C. Baier, *A Progress of Sentiments: Reflections on Hume's Treatise* (Harvard University Press, 1991) によって、ヒュームの人間本性論研究に新たな息吹が吹き込まれた。マンデヴィルがヒュームに与えた影響に関する最も詳しい記述は、Mikko Tolonen, *Mandeville and Hume: Anatomists of Civil Society* (Voltaire Foundation, 2013) がある。ヒュームの知性論については、David Owen, *Hume's Reason* (Oxford University Press, 1999)、Donald C. Ainslie, *Hume's True Scepticism* (Oxford University Press, 2015) を参照。ヒュームの情念論については、Jane L. McIntyre, 'Hume's "New and Extraordinary" Account of the Passions', in Saul Traiger (ed.), *The Blackwell Guide to Hume's Treatise* (Blackwell Publishing, 2006), pp. 199–215, and Jacqueline A. Taylor, *Reflecting Subjects: Hume's Philosophy: Passion, Sympathy, and Society* (Oxford University Press, 2015)。ヒュームが主張した単一の人間本性と、ヨーロッパ人との関係におけるアフリカ人についての文脈は、Aaron Garrett, "Human nature", in Knud Haakonssen ed., *The Cambridge History of Eighteenth-Century Philosophy*, (Cambridge University Press, 2006), pp. 160–233., Silvia Sebastiani, *The Scottish Enlightenment: Race, Gender and the Limits of Progress*, trans. Jeremy Carden (Palgrave Macmillan, 2013)。第1章で詳述したような『論考』の詳細については、James A. Harris, 'A Compleat Chain of Reasoning: Hume's

Project in A Treatise of Human Nature, Books One and Two', *Proceedings of the Aristotelian Society* 109 (2009): 129–48.

道徳

『人間本性論』第三巻の道徳哲学を説得力を持って探究したものに、*Rachel Cohon, Hume's Moral Philosophy: Feeling and Fabrication* (Oxford University Press, 2008) がある。ヒュームのエッセイストとしての意図は、Nicholas Phillipson, 'Hume as Moralist: S. C. Brown (ed.), *Philosophers of the Enlightenment* (Harvester Press, 1979), pp. 140–61; Mark Box, *The Suasive Art of David Hume* (Princeton University Press, 1990)。道徳に関するヒュームの著作の実践的側面は、Donald T. Siebert, *The Moral Animus of David Hume* (University of Delaware Press, 1990) でも焦点が当てられている。ヒュームの道徳思想の一八世紀的背景を最もよく説明しているのは、Colin Heydt, *Moral Philosophy in Eighteenth-Century Britain*: *God, Self, and Other* (Cambridge University Press, 2018) であるがある。『道徳原理研究』については、特に Annette C. Baier, 'Enquiry concerning the Principles of Morals: In Elizabeth S. Radcliffe (ed.), *A Companion to Hume* (Blackwell Publishing, 2008), pp. 293–320, and also Jacqueline A. Taylor (ed.), *Reading Hume on the Principles of Morals* (Oxford University Press, 2020). ヒュームの「批評」への貢献については、Peter Jones, 'Hume on the Arts and "The Standard of Taste": Texts and Contexts', in David Fate Norton and Jacqueline A. Taylor (eds), *The Cambridge Companion to Hume*, second edition (Cambridge University Press, 2009), pp. 414–46.

政治学

ヒュームの政治思想に関する最も重要な研究は、依然として Duncan Forbes, *Hume's Philosophical Politics* (Cambridge University Press, 1975) である。重要な文脈は、H. T. Dickinson, *Liberty and Property*: *Political Ideology in Eighteenth-Century Britain* (Methuen, 1977)、J. G. A. Pocock, *The Machiavellian Moment: Florentine Political Thought and the Atlantic Republican Tradition* [1975], Princeton Classics edition (Princeton University

Press, 2016). 信頼できる簡潔な説明は，Knud Haakonssen, 'The Structure of Hume's Political Theory', in Norton and Taylor (eds), *The Cambridge Companion to Hume*, pp. 341–80.Paul Sagar, *The Opinion of Mankind: Sociability and the Theory of the State from Hobbes to Smith* (Princeton University Press, 2018) には，ヒュームの政治的義務論に関する豊かで挑発的な考察が含まれている。党派政治に関する一八世紀イギリスの議論に対するヒュームの貢献については，Max Skjönsberg, *The Persistence of Party: Ideas of Harmonious Discord in Eighteenth-Century Britain* (Cambridge University Press, 2021) に的確に述べられている。ヒュームの政治経済学の要素については，Andrew Skinner, 'Hume's Principles of Political Economy', in Norton and Taylor (eds), *The Cambridge Companion to Hume*, pp. 381–413, また Margaret Schabas and Carl Wennerlind, *A Philosopher's Economist: Hume and the Rise of Capitalism* (University of Chicago Press, 2020) もある。商業に関するヒュームの著作の力強い解釈は，Istvan Hont, *Jealousy of Trade: International Competition and the Nation State in Historical Perspective* (Harvard University Press, 2005) に収められた諸論文で展開されている。Nicholas Phillipson, *David Hume: The Philosopher as Historian* (Penguin, 2011) は歴史家としてのヒュームの意図を見事に扱っており，Tom Pye, 'Histories of Liberty in Scottish Thought, 1747–1787', Ph.D. dissertation, Cambridge University, 2018 によって補足されている。また，Mark Spencer (ed.), *David Hume: Historical Thinker, Historical Writer* (Pennsylvania State University Press, 2013); and Roger L. Emerson, 'Hume's Histories', in *Essays on David Hume, Medical Men and the Scottish Enlightenment* (Ashgate, 2009), pp. 127–54.

宗教

宗教に関するヒュームについての最良の一般的ガイドは，依然として J. C. A. Gaskin, *Hume's Philosophy of Religion*, second edition (Macmillan, 1988) である。ガスキンの解釈の要約と最新版については，彼の「宗教に関するヒューム」(Norton and Taylor (eds), *The Cambridge Companion to Hume*, pp. 480–513) を参照されたい。スコットランドの状況については，Thomas Ahnert, *The Moral Culture of the Scottish Enlightenment 1690–1805* (Yale University Press, 2014) を参照。啓示宗教と自然宗教に関する一八世紀イギリスの幅広い議論につ

いては、Haakonssen (ed.), *The Cambridge History of Eighteenth-Century Philosophy*, pp. 683–730 の M. A. Stewart による二つの章を参照。Paul Russell, *The Riddle of Hume's Treatise: Skepticism, Naturalism, and Irreligion* (Oxford University Press, 2008). ヒュームが奇跡について論じた背景については、David Wootton, 'Hume's "Of Miracles": Hume's "Of Miracles": Probability and Irreligion", in M. A. Stewart (ed.), *Studies in the Philosophy of the Scottish Enlightenment* (Oxford University Press, 1990), pp. 191–229.「奇跡について」に関する哲学的議論の要約は、Peter Millican, 'Twenty Questions about Hume's "Of Miracles"', *Philosophy* 68 (2011): 151–92.『対話』への入門としては、ノーマン・ケンプ・スミスの一九三五年オックスフォード大学出版局版の序論がよく使われている。また、Andrew Pyle, *Hume's Dialogues concerning Natural Religion: A Reader's Guide* (Continuum, 2006) も参照。ヒュームが「真の宗教」について語るとき、何を意味するのかという疑問に対する良い答えは、Don Garrett, 'What's True about Hume's "True Religion?", *Journal of Scottish Philosophy* 10 (2012): 199–220.『宗教の自然史』におけるヒュームの意図を理解する上での助けは、Richard Serjeantson, 'David Hume's Natural History of Religion (1757) and the End of Modern Eusebianism', in Sarah Mortimer and John Robertson (eds), *The Intellectual Consequences of Religious Heterodoxy 1600–1750* (Brill, 2011), pp. 267–95; and Jennifer Smalligan Marušić, 'Refuting the Whole System? Hume's Attack on Popular Religion in The Natural History of Religion", *The Philosophical Quarterly* 62 (2012): 715–36.

訳者あとがき——ヒューム受容の三つの不運

本書はオックスフォード大学出版局から刊行されている *A Very Short Introduction* シリーズの一冊、ジェームズ・A・ハリス氏による *Hume: A Very Short Introduction* (2021) の翻訳である。邦題は『ヒューム入門』とした。

本書の主題であるデーヴィッド・ヒュームは、一八世紀のスコットランド啓蒙の中心的思想家の一人であり、英米ではカントと並ぶ近代哲学の双璧をなす哲学者として扱われることが多い。しかし本邦においてはカントが明治期以来広範に研究されてきたのに対し、残念ながらヒューム研究の扱いははるかに小さく、ヒュームの研究が緒に就いたのは一九八〇年代以降のことである。

実はこの A Very Short Introduction シリーズにはもう一冊A・J・エアによる同じ書名の図書が含まれている。エアのものは一九八〇年にオックスフォード大学出版局から刊行された別名の入門書シリーズが再収されたもので、篠原久氏の非常に行き届いた翻訳があるが現在は版が絶えているようである。エアとハリスの出版には四〇年以上の隔たりがある。周知のとおりエアは二〇世紀の分析哲学の発展に大きく貢献したが、エアのヒューム論がヒュームの入門書として的確であったかどうかは後述するように議論の余地がある。

著者のジェームズ・ハリスは現在英国スコットランドの名門であるセント・アンドリュース大学の哲学史教授である。哲学史および思想史についての非常な博識で知られており、紛れもなく現代のヒューム研究の第一人者である。ハリスには多くの編著のほか、代表的著作に *Of Liberty and Necessity: The Free Will Debate in Eighteenth-Century British Philosophy* (2005) および *Hume: An Intellectual Biography* (2015) がある。後者は六〇〇ページを超える大著で、ヒュームの思想形成と発展を、年代を追って跡付けたものである。本書は同書のダイジェスト版にもなっている。ヒュームの思想を哲学的および思想史の両面の視点から包括的にとらえる実力においてハリスの右に出る者はいないと言えるであろう。第一人者がいわゆる入門書を執筆することには大変重要な意味がある。というのも入門書は一般読書人に哲学者の理論を分かりやすく伝えるだけでなく、その哲学者について理解を深めるための方向性を確定する役割があるからなのである。実はその点で哲学者ヒュームは以下に述べる三つの不運を背負った哲学者であった。

一つは本書で述べられているように、現在では英語で書かれた最大の哲学書とまで称せられるヒューム渾身の処女作が、ヒューム自身の期待に反して理解されなかっただけでなく、誤解に基づいた誹謗中傷を招いたことである。しかしヒュームはそうした事態を謙虚に受け止め、叙述が難解であった点を反省し、同書を事実上取り下げてそれを皆に理解されるように書き直すという仕方で対応した。これは啓蒙思想家の鑑というべき態度であろう。にもかかわらず宗教に対するヒュームの批判は「批判」としてではなく無神論と受け取られ、生涯にわたってヒュームを苦しめることになった。その急先鋒の一人であったジェームズ・ビーティは、ヒュームの理論の悪意ある誤解に基づく人格攻撃を盛り込んだ著作によってオックスフォード大学からの名誉学位を得たほか、国王からの年金を獲得したのであった（本書一三六頁を参照）。これはヒュームにとってブラックユーモア以外の何物でもなかったであろう。

第二は、ヒュームより十三歳年下にあたるプロイセンの大哲学者イマヌエル・カントがヒュームを翻訳で部分的に理解し、ヒュームによる形而上学を克服することを自身の哲学の主題と掲げたことによって、ヒューム哲学の一面が注目されたことである。ヒュームがカントを独断の微睡から目覚めさせたという一節は広く知られているが、問題はほとんどそれだけしか知られていなかったことである。カントによってヒュームの懐疑主義、形而上学の破壊者として強調され過ぎたことは間違いない。しかし実際は本書で示されるようにヒュームは極端な懐疑主義者ではないし、カントとヒュームの哲学にはかなりの親近性があるのである。

さて第三の不運であるが、ヒュームの哲学が半ば忘れ去られてから百数十年後の二〇世紀初頭にケンプ・スミスによってようやく本格的な再評価がなされた頃、興隆を迎えつつあった論理実証主義の思潮に利用されたことである。実は前述のエアは、一九一〇年生まれで論理実証主義の中心人物であり、当然ながらそのヒューム理解もかなり偏りのあるものとなっている。

そうした偏りが（たとえそのような研究が哲学研究としてどれほど優れたものであるとしても）これまでヒューム の誤解を生みだし、ヒューム研究者が本書で描かれているような仕方でヒュームに出会うまでの回り道を強いてきたとも言える。本書の出現はこのような過去の「不運」を覆すものであり、ヒューム研究のみならず近代哲学研究にとって大きな朗報である。

訳者は本書の翻訳に先立ち、二〇二三年二月、エディンバラのポートレート・ギャラリーのカフェでハリス氏にお会いして本書の狙いについてお尋ねすることができた。ハリス氏は従来の古いヒューム像を書き換えることが目的であると答えられた。本書の特徴はヒュームの思想を包括的な観点から叙述している点にある。ヒュームは鋭い懐疑論によって道徳に経験的な基礎を与えた哲学者であっただけでなく、宗教、政治、社会、経済をめぐる諸問題の論客であり、歴史家であり、スコットランド啓蒙思想の中心的人物であった。ヒュームの哲学はこうした総合的な知識の結晶であり、哲学はそのようなものとして理解されるべきであることが本書のメッセージである。本書はバランスの取れた新しいヒューム像を提示することで哲学、道徳、政治、宗教、英国近代思想に関心を持つ読者に多くの示唆を与えるものと思う。本書は特に初めてヒュームに触れる読者に最も裨益するであろう。しかしすでに原著で本書を読んでいる研究者の方々にも、異なった象徴体系を持つ母国語で再読していただくことにより、ヒューム思想の包括性を再発見していただけることも期待したい。将来のヒューム理解と近代英国哲学理解の発展のために、本書が一人でも多くの読者に迎えられることを願ってやまない。

最後になったが本書の翻訳は英国近代哲学の研究者でもある丸善出版企画・編集部の小畑敦嗣氏のおすすめによって始められた。小畑氏はハリスの著作に最も精通している研究者の一人であり、訳文の推敲に際して多くの貴重なご助言を頂いた。小畑氏とこの仕事を行うことができたことは訳者にとって大きな喜びでもあった。深く感謝申し上げたい。

二〇二四年三月

矢嶋直規

索　引

■さ行

■た行

■な行

■は行

■ま行

■ら行

■わ行

【著者】
ジェームズ・A・ハリス（James A. Harris）
セント・アンドリュース大学教授
最終学歴：オックスフォード大学大学院，D.Phil.
主要業績：（単著）*Of Liberty and Necessity: The Free Will Debate in the Eighteenth-Century British Philosophy* (Oxford University Press, 2005)，*Hume: An Intellectual Biography* (Cambridge University Press, 2015)

【訳者】
矢嶋 直規（やじま なおき）
国際基督教大学教養学部教授
最終学歴：エディンバラ大学大学院人文社会科学研究科, PhD
主要業績：(単著)『ヒュームの一般的観点：人間に固有の自然と道徳』(勁草書房，2012)，(編著)『近代英国哲学とキリスト教神学』(晃洋書房，2024)，(共編著) *Joseph Butler: A Preacher for Eighteenth-Century Commercial Society* (Springer, 2024)，(共訳) T・H・グリーン『倫理学序説』(創文，2022)，他

ヒューム入門

令和 6 年 6 月 30 日　発　行

訳　者　矢　嶋　直　規

発行者　池　田　和　博

発行所　丸善出版株式会社
〒101-0051　東京都千代田区神田神保町二丁目17番
編集：電話(03)3512-3264 ／ FAX(03)3512-3272
営業：電話(03)3512-3256 ／ FAX(03)3512-3270
https://www.maruzen-publishing.co.jp

組版印刷・創栄図書印刷株式会社／製本・株式会社 松岳社

ISBN 978-4-621-30977-3　C 3010　Printed in Japan